Coordenação editorial Pamela J. Oliveira
Assistência editorial Leticia Oliveira, Vanessa Nagayoshi
Consultoria literária Claudia Pucci Abrahão
Projeto gráfico e capa Adriana Campos
Assistência de produção gráfica Amanda Chagas, Vinicius Torquato
Diagramação Emily Macedo Santos
Revisão Lívia Lisbôa, Daniela Georgeto

Dados Internacionais de Catalogação na Publicação (CIP)
Jéssica de Oliveira Molinari - CRB-8/9852

Einsfeld, Rodrigo
De mãos dadas / Rodrigo Einsfeld.
São Paulo : Labrador, 2025.
256 p.

ISBN 978-65-5625-927-7

1. Einsfeld, Rodrigo – Autobiografia 2. Transplante de medula óssea
3. Superação 4. Paternidade I. Título

25-3150 CDD 926.1741

Índice para catálogo sistemático:
1. Einsfeld, Rodrigo – Autobiografia

Labrador
Diretor-geral Daniel Pinsky
Rua Dr. José Elias, 520, sala 1
Alto da Lapa | 05083-030 | São Paulo | SP
contato@editoralabrador.com.br | (11) 3641-7446
editoralabrador.com.br

de Mãos *Dadas*

Rodrigo Einsfeld

Dedico este livro

ao meu filho Theo, que me mostrou que não é necessário ser um super-herói para viver travessias heroicas;

à minha filha Eva, que, desde seu nascimento, tornou-se gentil testemunha das tantas batalhas do irmão, enchendo nosso coração de ternura;

a todas as pessoas que, como Theo, contam com as mãos dadas à sua, para atravessar desafios assoberbantes vindos do seu próprio corpo;

a todos aqueles que caminham lado a lado com tais desafios, acompanhando seres queridos, tirando confiança e fé de onde parecia não existir nada;

a todas as pessoas que se dedicam a fazer da saúde um direito comum, para que a cura não se restrinja a quem tem o privilégio de pagar por ela;

a Ramon e todas as pessoas doadoras de órgãos, generosa atitude de dar de si algo tão íntimo, mas que, ao se desprender do seu corpo, pode salvar vidas;

a você, que aceita a aventura da vida, repleta de tantos altos e baixos, e não desiste. Que sai de um roteiro egoísta, individualista, e se dispõe, finalmente, a olhar para os lados... e nos dar as mãos.

INTRODUÇÃO
(um coletivo)

Quando uma criança chega aos cuidados de um profissional, após um tratamento difícil, frequentemente vem de um período de reclusão, sem contato social e sem a possibilidade de ir à escola. Essa realidade contrasta fortemente com a infância que desejamos, em que as crianças são livres para brincar e explorar. O adoecimento infantil afeta profundamente não apenas a criança, mas toda a família, apresentando um enorme desafio emocional. A psicoterapia acolhe as angústias da criança por meio de atividades lúdicas, como desenho e argila, incentivando a expressão de seus sentimentos. Além disso, o apoio se estende aos pais, ajudando-os a lidar com sua vulnerabilidade e a encontrar, juntos, maneiras de enfrentar e aliviar a dor que vivenciam.

Mirella Baise
Psicóloga e neuropsicóloga

Como irmão, tive a enorme honra de vivenciar cada momento deste livro, uma jornada de muitos sabores e amor, mas, sobretudo, de superação e fé. Espero que o leitor se apaixone pelo livro tanto quanto vibramos e nos encantamos pela história que vivemos. Te amo, meu querido irmão!

Raphael Einsfeld

O transplante de medula é uma jornada longa, mas chegará o dia em que olharemos para trás e perceberemos que tudo passou. Não realizamos o Transplante de Medula Óssea para perder; fazemos isso para vencer, pois é um caminho em direção à cura. Somos um time, e cada um de nós tem um papel fundamental. Precisamos viver um dia de cada vez e, embora sempre esperemos o melhor, é importante estarmos preparados para enfrentar o pior, sem nunca perder a esperança. Para aqueles que estão doentes, olhem nos olhos de seu médico e perguntem o que mais pode ser feito, o que ele faria se fosse seu filho; isso pode fazer uma grande diferença.

Adriana Seber
Pediatra, onco-hematologista, especialista TMO

Uma história de resiliência e fé, que nos faz acreditar no amor como uma força capaz de vencer os desafios mais sombrios, onde a esperança renasce e a cura se realiza.

Malvino Salvador

Receber a família no Colégio Salesiano foi um privilégio. O exemplo do nosso menino nos fez refletir sobre a fragilidade e a força da vida, a fé e a superação. Escola e família, juntos, valorizamos a resiliência e a força interior que nos inspiram na missão educativa. Essa família foi um presente de Deus e exemplo de força e coragem! Que Ele os abençoe e fortaleça sempre!

Gislene M. M. Naxara

Todo mundo, quando criança, sonha em ser um super-herói, ter um superpoder e ajudar as pessoas em perigo. E, quando eu trago isso para a vida real, não existe força ou poder maior que ajudar o próximo. Saber que um pequeno pedaço meu fez a diferença na vida de alguém, pra mim, é um sentimento que não consigo expressar em palavras, mas que torna aquele sentimento de criança real.

Ramon Vicente
Doador da medula

ENTRADA
(Antipasto) **13**

PRIMEIRO (PR)ATO
(Primo Piatto) **19**

ENTRADA
(Antipasto)

VOCÊ JÁ PAROU PARA SE PERGUNTAR QUEM É QUE ESCREVE O ROTEIRO DA NOSSA VIDA?

Ou mesmo... será que "alguém" o escreve? Ou nossa história vai sendo construída ato a ato, enquanto agimos de acordo com as circunstâncias?

Seja lá como for, pra mim, uma coisa é certa: as surpresas na minha vida são muitas. Já experimentei na pele o que os escritores chamam de reviravoltas, e são tantas, que ouso comparar o meu percurso com o de uma montanha-russa. Ou, para ser mais ameno, também posso compará-lo a uma refeição completa, repleta de todas as cores, texturas e sabores.

É possível degustar tudo o que nos é posto ao prato, sem escolher entre uma experiência ou outra?

Antes que eu te faça mais uma pergunta, gostaria de me apresentar. Muito prazer, meu nome é Rodrigo Einsfeld. Sou chef de cozinha, empreendedor do ramo de gastronomia, sócio de quatro restaurantes, pai do Theo e da Eva, companheiro da Thais e com um passado que também inclui a carreira de modelo e ator, com experiência em teatro e televisão. Se estou te contando tudo isso, não é para exibir um currículo ou por ostentação, mas para afirmar desde já que a trajetória que te contarei aqui não será apenas sobre um determinado aspecto da minha vida, mas um mix de todos eles. Tudo junto e misturado.

A começar pela experiência de ator.

Dizem que a arte imita a vida, mas há uma diferença fundamental entre ambas: no teatro, assim como no cinema ou na televisão, em geral, partirmos de um texto para construir uma história; e todas elas têm início, meio e fim. Logo ao começar os ensaios, já sabemos onde tudo vai dar: todos os desafios, os conflitos, os suspenses, as dúvidas, as encruzilhadas, as escolhas, tudo já está mapeado. É o que chamamos de dramaturgia.

Depois, ao recriarmos a vida na pele de outra pessoa, um intérprete se esforça para viver cada segundo sobre os palcos com o frescor do momento, para que o personagem não antecipe o que está por vir... mas o ator já sabe o que vai acontecer, e é esse o desdobramento que a arte da interpretação nos pede: viver o presente como se fosse uma surpresa, mesmo já sabendo o que nos guarda o futuro.

Isso te parece confortável ou desesperador?

Seja como for, na vida real, cotidiana, nada disso acontece.

Até queremos acreditar que sim. Fazemos planos, acordamos com um roteiro pronto na cabeça e, quando menos se espera, o script voa pelos ares. Não adianta decorar as falas. Não adianta prever movimentos ou separar a vida em caixinhas. Um belo dia, tudo se mistura num *blend* imprevisível e, nessa hora, restam apenas dois caminhos: pirar ou confiar.

Correr do jogo
ou persistir.

Talvez porque seja próprio de um ator seguir a peça até o fim, a palavra "desistir" não consta no meu cardápio. Porque, assim como nas boas histórias, mesmo que o personagem não entenda toda a trama, quando ela é vista de fora, é bem estruturada. Tudo o que acontece, por mais cruel, caótico e perturbador que pareça, "visto de dentro", sempre carrega um sentido: o de levar a personagem para onde ela necessita ir. E, se continuamos, corajosamente, acompanhando sua trajetória para ver a história até o final, por mais duros que sejam os desafios, nós aprendemos. Porque essa é a finalidade de uma verdadeira travessia.

É possível ser personagem e ator da própria história?

É possível ser coautor do roteiro que nos é dado a viver?

PRIMEIRO (PR)ATO

(Primo Piatto)

PODERIA SER MAIS UM DIA COMO QUALQUER OUTRO. MAS...

NO MEIO DO CAMINHO, HOUVE UMA QUEBRA.

Hoje, logo ao acordar, meu roteiro era simples: pensar no que eu faria neste ano de 2019, já que estamos em janeiro — e, nessa época, todo mundo faz isso.

Poderia ser mais um dia como qualquer outro. Mas... no meio do caminho, houve uma quebra.

Uma quebra de rotina.

Não pela chuva que, às vezes, cai na metrópole e desestrutura o trânsito. Não por um celular perdido, ou roubado, ou mesmo por uma proposta de emprego novo que me faria ter que escolher entre seguir vivendo em São Paulo ou mudar para uma daquelas localidades que a gente só vê no War, como Dudinka ou Vladivostok.

Não.

A quebra no meio do caminho foi de algo maior: a certeza da continuidade da vida. Uma vida ainda no seu início, com três anos de idade.

**O dia começou rotineiro e terminou no hospital.
Aqui estou.
Aqui (ainda) estou.**

Olho para as paredes brancas, grandes telas de projeção. As pessoas são cálidas, ainda bem, ainda mais por causa da ultrassensibilidade que essa situação nos traz. Quer uma palavra mais simples? Medo. Muito medo. Ou a lucidez de não termos respostas certas para o mais breve futuro, junto com o terror ou o maravilhamento dessa constatação… porque tudo sempre vem junto.

Batimentos cardíacos acelerados, um estado de alerta. Quase um desdobramento: isso está mesmo acontecendo ou é um delírio que se traduz em teatro? Como diria Shakespeare, a vida é um sonho, mas aqui ela parece mais real que o concreto dentro dessas paredes. Nada onírica. Nada leve.

Nada a fazer.

O tempo agora é de espera, até que nos digam, de fato, o que está acontecendo com nosso filho. Nessa pausa forçada, as horas se dilatam, escorrem por momentos passados.

Viajo, como um escape, para anos anteriores, quando era eu a criança, dentro de outro hospital; e eram meus pais os que sentiam a angústia da incerteza. Sim, eu fui um desses meninos que frequentou centros cirúrgicos. Naquele tempo da infância, e depois nunca mais.

Nunca mais. Essa expressão te assusta? Mesmo quando é dita pra coisa ruim que acaba, como doença infantil? A minha é uma história passada, concluída, com final feliz. Afinal, eu estou aqui vivo para te contar.

Mas hoje, exatamente neste dia 11 de janeiro de 2019, meu papel é outro. Não mais da criança, não mais do filho, ou do paciente. Sou o pai aflito e ainda sem respostas.

Sou a mão que segura a outra mão que segue, ainda mais agoniada, atada à minha: a de Thais. O aperto é tão grande que elas quase se fundem. Mas são dois os corações a palpitar.

O meu, não sei bem a razão, me diz: "Tudo tem um jeito. Vai ficar tudo bem...". Não sei de onde vem essa certeza, mas é ela que me faz confiar, sempre. Afinal, são muitos os desafios já enfrentados.

"Lembra?" — diz a voz que me pede passagem, ou licença para recapitular.

Aceito o desafio. As paredes menos concretas e brancas tornam-se tela de projeção. Nelas, vejo passar o filme da minha vida. Não como um flash, em breves cenas, mas em detalhes.

Se me permite, gostaria de dividir essas memórias com você. Talvez essa conversa me ajude no passar das horas, enquanto espero o diagnóstico do Theo. Ou, quem sabe, ao contá-las, elas me mostrem algum sentido nesse momento tão difícil.

Apetites despertos

"Você é muito bonito, devia estar na TV."

Era o que muita gente me dizia, lá pelos anos noventa do século XX, quando eu era um jovem cheio de sonhos e morador de Petrópolis, minha terra natal.

De fato, o universo da televisão me seduzia muito. Minha geração cresceu de olho na telinha, que, na época, tinha uma dimensão bem maior que o celular, mas igualmente absorvente. Amante das artes desde cedo, ia a todas as peças teatrais que conseguia, o que alimentava ainda mais o sonho de enveredar por aquele caminho. Mais especificamente, o da teledramaturgia.

Algum tempo depois, decidi investir nesse sonho e fui, com a cara e a coragem, para o Rio de Janeiro, para tentar uma carreira na televisão. Comecei fazendo um curso de interpretação para a câmera com o Flavio Colatrello Jr., então diretor da Rede Globo. Estávamos no começo do promissor século XXI, e a carreira de ator era a única que me interessava naquele momento. Para me aprimorar ainda mais, ingressei em Artes Cênicas, na Faculdade Estácio, e, enquanto estudava, já fui buscando oportunidades de trabalho.

Como mera curiosidade, trago aqui uma memória um tanto estranha: meu primeiro teste de elenco foi para um dos filmes da Xuxa. As instruções que recebi no estúdio foram: fique ali no centro, cante "atirei o pau no gato" e tire a camisa. É sério, juro que foi isso mesmo. Anos depois, alguém comentou ter visto essa cena no filme. Oi? Entendi. Meu teste acabou se tornando parte da história, mas sem que eu soubesse de nada.

Enfim... coisas que se praticavam no século passado.

Porém, apesar dessa e de outras aventuras do meu inusitado início de carreira, meu destino seria viajar para mais longe. Por volta dos vinte anos, fui convidado para trabalhar em uma agência de modelos em São Paulo, e acabei me mudando para a capital paulista no início do novo milênio.

Na agência, conheci um amigo que viria a ser um grande irmão na minha vida, o ator Malvino Salvador. Nascido em Manaus, ele também tinha vindo para São Paulo na mesma época que eu, e começamos nossa carreira juntos. Ficamos tão próximos que decidimos rachar um apartamento com mais dois grandes amigos, Raul e Felipe, formando uma pequena república na região da Vila Olímpia. Raul e Felipe eram também como irmãos. Infelizmente, não ficaram por muitos anos em São Paulo, mas o tempo que vivemos juntos foi muito divertido, uma amizade que existe até hoje.

Ao contrário do que aponta o estereótipo, era uma república bastante organizada, onde eu já comecei a desenvolver meus talentos culinários, porque sempre gostei de cozinhar e comer bem. Além do alimento, nesse tempo, dividíamos nossos sonhos para o futuro e, evidentemente, as festas.

Você pode estar imaginando uma vida cheia de glamour. De fato, havia muita diversão, mas só quem trabalha nessa área conhece, além das alegrias, os seus dissabores. O principal deles é a instabilidade. Não éramos contratados em nenhum dos lugares onde trabalhávamos, e já vivíamos a realidade da maioria da classe artística no Brasil: muita expectativa, muito suor e nenhuma garantia.

Ainda assim, fomos construindo nosso caminho, que acabou se estendendo ao teatro. No ano seguinte à minha chegada em São Paulo, Malvino e eu fomos convidados a integrar o elenco da peça "Blue Jeans", dirigida por Wolf Maya. Devido a uma mudança no elenco, acabei não apresentando a peça. Mesmo assim, já foi o suficiente para sentir o gostinho da sala de ensaios e conhecer pessoas que me levaram ao meu próximo projeto teatral.

Desde essa época, eu já havia percebido que tinha alma de empreendedor. Para mim, não bastava atuar, eu queria ser um realizador. Meu próximo passo, então, foi investir em um musical de Júlio Fischer sobre a cantora Isaurinha Garcia, no qual não apenas atuei, mas também fui investidor e produtor, juntamente com Rick Garcia, neto da cantora. Nessa empreita, minhas ações da Petrobras foram convertidas no musical "Personalíssima, Isaurinha Garcia in Concert", que me rendeu uma grande experiência...

... e também a certeza do quanto a área teatral era incerta. Mesmo produzindo o que era conhecido como "teatro comercial", feito em excelentes salas de espetáculo, grande elenco — que contava com nomes como Rosamaria Murtinho — e tendo viajado para várias cidades em todo o país, ainda assim era difícil vislumbrar a tão sonhada estabilidade financeira. Pelo menos sonhada por mim.

Esse é um ponto importante. Há pessoas que conseguem começar o mês sem saber como pagarão as contas, navegando por mares turbulentos, em marés de "sorte" ou "revés". Nada contra, até admiro, mas isso não é para mim. Gosto de sentir que as coisas estão ao alcance das minhas mãos, porque o que eu sonhava para minha vida dependia de alguma estabilidade. O problema é que, dependendo da área, por mais que a gente trabalhe duro, que invista, que preze pela qualidade, ainda assim o resultado é uma loteria.

Eu já tinha experimentado esse "frisson" nos famigerados testes de elenco. Só quem é ator sabe o que é isso. Para quem não sabe, eu conto: imagine vários atores reunidos em uma mesma sala, esperando por um tempo considerável para fazer um teste para um personagem (seja para um trabalho comercial ou para cinema, série ou televisão), e com um altíssimo nível de ansiedade. Essa expectativa é compreensível, não só pela construção da carreira em si, mas porque, de forma geral, o pagamento das contas no final do mês também dependia do resultado daquela gincana.

Para tornar o evento ainda mais emocionante, o tal resultado raramente é anunciado logo ao final do teste. Sempre há uma pré-seleção (quando os atores e atrizes escolhidos para a mesma personagem são "editados"), e só então é escolhido o elenco final. Nesse momento da peneira, em 90% dos casos, geralmente eu passava. A questão era aguentar o veredicto final. Por razões desconhecidas por mim, por mais que eu me empenhasse ao máximo, ou que a torcida fosse grande, a quantidade de vezes em que eu era realmente escalado para uma produção era sempre inferior às minhas expectativas.

É claro, nada disso é pessoal. Toda atriz ou ator passa por isso, é parte do nosso trabalho. Se você tem estrutura para ouvir inúmeros "nãos", em algum momento, um sonoro "sim" surgirá no horizonte — e podemos celebrar a entrega a um novo processo criativo. Quando isso acontece, é muito bom.

Mas... e o estômago para aguentar a espera entre um "sim" e outro, sem saber quando ele virá?

Se estou te contando tudo isso, é com zero lamentações. Posso dizer que, apesar das dificuldades inerentes ao meio, tive a oportunidade de viver lindas experiências no teatro e na televisão.

Nessa época, Felipe e Raul já haviam retornado às suas respectivas cidades. Malvino, que desde 2004 havia integrado o elenco de "Cabocla", em seguida engatou uma novela depois da outra e mudou-se para o Rio de Janeiro. Enquanto isso, eu seguia em São Paulo, vivendo em um apartamento de 42 m² que havia comprado na Vila Olímpia, com a ajuda da minha mãe.

Eu seguia realizando meus trabalhos na publicidade, e ainda buscava trilhar uma carreira no teatro. Após o musical sobre Isaurinha Garcia, também produzi e integrei o elenco da peça "O Terceiro Travesseiro", baseada no romance homônimo escrito por Nelson Luiz de Carvalho, um dos primeiros marcos da literatura LGBTQIAPN+ no Brasil. Com essa montagem, dirigida por Regiana Antonini, viajei por várias capitais brasileiras e tive a oportunidade de fazer grandes amigos de caminhada artística. Sobre os palcos, pude também sentir a vibração do público, ao vivo, diretamente vinculada ao momento da interpretação — e essa foi uma experiência importante não só para o meu desenvolvimento como ator, mas como comunicador, de maneira geral.

Os anos foram passando e uma ótima oportunidade se apresentou: fui escolhido para fazer parte da série "Força-Tarefa", escrita pela dupla Fernando Bonassi e Marçal Aquino, dirigida por José Alvarenga Jr. e Mário Márcio Bandarra, e exibida pela TV Globo. Tomando parte em um elenco que contava com Milton Gonçalves e Murilo Benício como protagonistas, eu vivi o personagem Praça Jorge.

Quando a série foi ao ar com forte aceitação, eu imaginava que, a qualquer momento, seria contratado pela TV Globo, podendo ter minha tão sonhada estabilidade. Idealizei esse cenário com detalhes: uma vez dentro "da casa", ficaria bem mais fácil trabalhar em outras produções, e minha carreira de ator estaria assegurada.

Conhece aquela expressão "agora vai!"?
Depois do sucesso da primeira temporada, eu tinha certeza que "agora iria".

Dissabores que abrem portas

Enquanto o "agora vai" não chegava, com o final das gravações no Rio de Janeiro, voltei a São Paulo, onde continuei realizando trabalhos para a agência de modelos.

Em 2009, chegou a renovação: confirmada a produção da segunda temporada de "Força-Tarefa", com minha participação no elenco. O "agora vai" estava ao alcance das minhas mãos... só que...

... nada ainda.

Apenas um novo contrato temporário.

Por melhor que parecesse, foi inevitável revisitar aquela sensação de quando eu era editado nos testes, mas não passava para a escolha final. O famoso "bater na trave". E, ainda que a "trave" fosse um novo trabalho com visibilidade nacional, não era somente isso que me interessava naquele momento.

Eu precisava ter poder de decisão.

Eu necessitava seguir minha vida sem ficar tão à mercê de ser ou não ser eleito. Ainda mais sem saber como, de fato, poderia colaborar para isso.

Quais são os critérios para ser ou não "o" escolhido?

Será que é porque sou loiro? Será que é porque atuei mal? Ou bem, já que fui editado? Será que meu perfil espelha bem um "brasileiro típico"? Será que o problema é comigo ou com a imagem que eu represento? Será que esperam outra coisa de mim?

Será? Será? Será?

Não dá pra saber.
Mas... como assim???
É. Não dá.
É assim que o mercado funciona.

Não vou mentir: ficou cada vez mais difícil lidar com essa situação.

Mas eu não sou uma pessoa de perder muito tempo em questionamentos sem fim, e também não sou muito dado a dourar meu futuro com especulações, promessas ou ilusões. Aquelas que te fazem seguir porque... quem sabe.... tá quase...

"Quase" ainda não é, talvez nunca seja. Eu precisava de solo firme. Há algum tempo, eu já vinha sentindo que não poderia depender só da minha carreira de ator — ou mesmo de produtor teatral — para me sustentar. Pelo menos, não do jeito que eu gostaria de viver. Nem mesmo a minha carreira na publicidade, que ainda me rendia trabalhos complementares, poderia me assegurar, porque esse era outro meio bastante instável.

O mais engraçado era que, para quem me via de fora, nem poderia imaginar o perrengue que eu passava. Eu ganhava muitos convites para ir a festas, baladas, eventos, e circulava em um meio social com poder aquisitivo muito acima do meu. Por mais bacana que fosse, permanecer naquela rede me exigia um custo de vida que não estava ao meu alcance. E foi ficando cada vez mais insustentável viver com uma perna em cada um desses mundos.

A divisão interna rasga a gente. Dessa fissura, brota o medo. Pânico. Foi o que comecei a sentir. Síndrome do pânico. Fui levando, levando, levando, até que se tornou irremediável.

É esta a mensagem das crises: não é possível dar mais nenhum passo na mesma direção.

É mudar ou morrer.

Enquanto uma mudança mais profunda não chegava, a oportunidade que apareceu foi uma mudança de endereço.

Malvino havia comprado um apartamento em São Paulo, na região dos Jardins. Ele ainda passava grandes períodos no Rio de Janeiro, por conta das gravações, mas adorava São Paulo e queria manter uma base por aqui.

Por volta de 2010, novamente me convidou morar com ele, como fazíamos no começo de nossas carreiras, quando ficamos amigos. Assim, eu poderia obter uma renda extra alugando meu apê na Vila Olímpia e também o ajudaria a zelar pelo seu espaço quando ele estivesse fora.

Aceitei seu convite com alegria. Tínhamos uma relação muito boa, uma grande amizade mesmo, e dividíamos muito bem as funções. Eu, que sempre gostei de cozinhar, fazia as vezes de *chef* da casa.

Essa era, para mim, uma brincadeira bastante séria, desde que vivíamos na nossa antiga república. Comecei pedindo dicas para minha mãe e testando na nossa cozinha, e logo já estava fazendo alguns cursos livres, como o da Morena Leite, chef do restaurante Capim Santo.

Mas nada (ainda) profissional. Era algo que eu fazia por puro prazer. Até que, em minhas mãos, fui sentindo pulsar um caminho.

Eu, que já me encontrava com um pouco mais de vinte e cinco anos e vivia um momento de grande crise profissional, me vi diante de uma escolha crucial: seguir no glamoroso (porém volátil) caminho do ator ou buscar um novo meio de vida, onde eu pudesse ter maior manejo dos resultados do meu trabalho, para, de fato, construir as bases que eu tanto almejava.

Enquanto buscava uma resposta, vi brilhar, na minha frente, aquela palavra que já brincava diariamente nas minhas mãos: GASTRONOMIA.

A imagem era clara como cristal: eu poderia me profissionalizar em uma nova área, vivenciando minha outra paixão: cozinhar. Para isso, precisaria me graduar. Pesquisei os meios, e vi que seriam dois anos de formação.

Decisão tomada, vestibular no horizonte, vaga garantida.

Tudo certo?

Mais ou menos... antes, eu teria que encarar um grande desafio: o curso de gastronomia era muito caro, pelo menos para os meus padrões. Se já era difícil pagar em dia os boletos básicos mensais, que diria arcar com o custo de uma faculdade que demanda uma intensa experimentação? Se dependesse apenas da minha vontade e da minha força de trabalho, eu já estaria dentro. Mas, infelizmente, como já relatei por aqui, constância não era uma palavra muito presente na minha rotina. Especialmente a financeira.

O que fazer quando se tem um obstáculo grande demais para atravessar?

Vestir a capa de super-herói e seguir em frente a todo custo?

Sim, esse seria um caminho. Em muitos casos, é o único meio que muita gente tem de se graduar: trabalhar em dois ou três empregos, e dividir o pouco tempo que resta com a faculdade. Não sei se isso classifica alguém como um super-herói, mas, sem dúvidas, demanda um superesforço, muitas vezes além da conta. Ainda assim, por mais mérito que esse "alguém" tenha, acho difícil que uma história de sucesso ou superação se sustente sem pessoas ao redor, dando algum tipo de suporte — seja ele financeiro, emocional ou até (para quem acredita) espiritual. Um prato de comida bem feita, ao chegar em casa, por exemplo, pode fazer com que muita gente vá um pouco mais longe do que aguentaria se estivesse sozinha ou sozinho na conquista do seu sonho.

Sei que sou suspeito para falar de pratos, porque cozinhar, para mim, não é "apenas um negócio". É amor materializado, uma doação que posso dar ao mundo. Comer um alimento bem feito, com ingredientes bem escolhidos, é sentir uma dedicação a nós direcionada, e isso alimenta além do estômago.

Assim como podemos compartilhar um almoço, um jantar ou até um simples lanche, podemos compartilhar nossa vida com as pessoas ao redor, com tudo o que ela nos traz. Em alguns momentos, somos nós as pessoas a estender a mão, a doar o alimento. Em outros, podemos receber. Há um equilíbrio aí que garante a troca. E as trocas cotidianas são minha maior nutrição.

Por isso, antes de cultivar temperos, sempre cultivei afetos. Tenho a sorte de ter nascido em uma família carinhosa, de estar cercado de bons amigos, mas, se eu não percebesse e honrasse tudo isso, não sei se essas relações se sustentariam. Até para receber apoio precisamos estar abertos, porque, muitas vezes, o orgulho entra na frente. O orgulho e essa crença que nos meteram na cabeça de que uma pessoa de sucesso só é assim se conquistar tudo apenas pelo esforço próprio, preferencialmente deixando os "concorrentes" para trás. Aquela eterna corrida, na qual terminamos sozinhos.

<u>Esse papo nunca me convenceu.</u>

Por isso, ao me deparar com aquela dificuldade, compartilhei meu problema com minha família e, juntos, encontramos uma solução. Meus pais se ofereceram para arcar com metade do valor da faculdade, e meu irmão Raphael — que, na época, já era médico e tinha uma boa condição financeira — conseguiria complementar a outra metade. Minha parte, evidentemente, era levar a sério aquela nova empreitada, dedicando-me ao máximo para ser o melhor possível no novo caminho que eu começava a trilhar. E foi graças a esse suporte que recebi no começo da faculdade que pude fazer a transição de carreira que me levou até onde estou hoje.

Pausa para uma pequena digestão

Interrompendo um pouquinho meu relato, gostaria de propor uma reflexão: eu poderia ter omitido aqui no livro toda essa história de "não-sei-como-eu-iria--pagar-essa-conta", certo? Poderia ter dito apenas: "Entrei para o Curso de Gastronomia da Anhembi Morumbi e me graduei como chef". Por que, então, é tão relevante falar sobre minhas dificuldades, um obstáculo que me parecia intransponível, e o apoio que recebi para ultrapassá-lo?

Vou deixar essa pergunta reverberar por aqui.

●●●

Degustando o fluxo

A cada mês, a certeza de que aquele era meu caminho só aumentava.

Uma das coisas mais legais do curso de Gastronomia eram as competições que a faculdade promovia. Além de nos desafiarem nos conhecimentos, as competições proporcionavam uma oportunidade de mostrar nossas habilidades para especialistas na área, viajar e, eventualmente, ganhar prêmios. Como tenho espírito esportivo, sempre que aparecia alguma dessas competições, eu estava dentro!

A primeira de que participei, nacional, era patrocinada pela LG. Fui ganhando as várias etapas, até que, chegando à final, conquistei o terceiro lugar, e ganhei, como prêmio, vários eletrodomésticos. Fiz questão de presentear meu irmão com todos eles, pois, sem seu apoio, eu não estaria ali. Foi uma grande alegria para mim poder retribuir seu presente justamente com os frutos da minha conquista.

Depois, participei de vários outros campeonatos. Um dos mais marcantes foi em Fort Lauderdale, Miami, uma disputa realizada entre diversas faculdades do grupo Laureate (do qual a Anhembi Morumbi fazia parte) em todo o globo.

Quem fez a seleção dos candidatos foi Rosa Moraes, uma importante profissional dedicada à educação na área gastronômica, e tive a honra de ter sido um dos escolhidos. Essa alegria, contudo, veio acompanhada de um entrave: somente ao me preparar para a viagem percebi que meu passaporte estava vencido, e o prazo para a renovação não permitiria minha participação no campeonato.

Só que desistir não é comigo, certo?

Quando eu já estava quase enlouquecendo a Rosa com os meus "está quase, está quase", aos 45 do segundo tempo, consegui a renovação em Campinas. E foi o que me fez voar até Fort Lauderdale, junto de outro colega e um professor, representando a Anhembi Morumbi.

Todo o meu esforço valeu a pena. Conquistei o primeiro lugar apresentando um requintado "picadinho com farofa".

Importante dizer o quanto sou grato por essa oportunidade. Ter participado de uma experiência como essa foi fundamental para determinar o futuro da minha carreira. Foi justamente ao longo dessas experimentações, colocando-me constantemente à prova, que fui delimitando o meu lugar dentro do vasto universo que a gastronomia contempla.

Eu sempre gostei da simplicidade com toques de requinte, e aquela refeição que preparei foi um grande exemplo do que pode ser feito a partir dessa mescla. E foi ali, em Miami, em um campeonato interfaculdades, que pude experimentar o quanto isso agradava não apenas a mim, mas a todo mundo.

Essa viria a ser, alguns anos depois, uma das principais características da minha marca.

Paralelamente a essa trajetória, enquanto meu sustento ainda não vinha do meu novo ofício, eu ainda trabalhava em *jobs* publicitários, e até fui convocado para atuar na última temporada de "Força-Tarefa". Mais especificamente, para morrer.

Sim, morrer. Foi essa a cena do primeiro episódio da terceira temporada, o primeiro e único (por razões óbvias) que eu iria gravar.

A morte verdadeira eu já tinha vivido há alguns meses. Já não carregava expectativa alguma, pois meu foco havia se voltado para outra direção. Então, tranquilamente, viajei até o Rio de Janeiro para a minha última gravação. Naquele set de filmagem, enterrei, com honras, meu personagem Praça Jorge, junto dos meus já finados devaneios de ser um longevo ator global.

Importante dizer: não tenho nenhum ressentimento quanto a isso. Agradeço verdadeiramente por tudo o que aprendi nos palcos, nos estúdios e nos sets de filmagem, assim como pelas tantas pessoas maravilhosas que cruzaram o meu caminho. Se decidi deixar tudo para trás, foi mais por intuição do que por frustração, porque acredito que nossa trajetória vai sendo traçada muito além dos nossos planos momentâneos.

Se deixei de ser ator como ofício, continuei como personagem na minha própria história e, como tal, ignorando as próximas linhas do roteiro... Mal podia imaginar o que o futuro me reservava. Só poderia saber o que estava no prato do presente.

Naquele episódio, meu entusiasmo estava em aprender, cozinhar, expandir meus horizontes gastronômicos. Esses, sim, iam de vento em popa, como se o universo dissesse, a plenos pulmões, um sonoro "vaaaaaaaaaaaaaai"! E sem que eu precisasse fazer infinitos testes ou ficar parado na fila de espera. Ao contrário, o que eu vivia era pleno movimento.

Puro fluxo,

um veleiro

a favor

do vento.

Firmando caminhos

Se eu já não tinha a menor dúvida de que o mundo da gastronomia era o meu lugar, a cada dia essa certeza se tornava ainda mais forte. Então, senti necessidade de me testar além dos limites conhecidos.

Assim, além da faculdade e dos campeonatos, outra fonte de grandes aprendizados foram os estágios que fiz em importantes restaurantes, onde pude experimentar, pela primeira vez, o dia a dia real de uma cozinha profissional. Foram importantes vivências experimentando, na prática, a rotina de renomados restaurantes, não apenas no seu glamour, mas no corre-corre que só quem já trabalhou em uma cozinha de um estabelecimento lotado sabe o que significa.

O primeiro deles foi o Arola Vintetres, do famoso chef espanhol Sergi Arola, que na época ocupava o vigésimo terceiro andar do Hotel Tivoli São Paulo – Mofarrej, nos Jardins. Em seguida, tive uma experiência no Stuzzi, no Rio de Janeiro, junto à chef Paula Prandini. Havíamos nos conhecido no curso de Flavio Colatrello e, assim como eu, Paula tinha migrado da carreira de atriz para a gastronomia. O estágio no Stuzzi foi um momento muito feliz, e somos amigos até hoje.

Esse período de expansão além dos muros acadêmicos foi coroado com uma viagem para os Estados Unidos, realizada durante as férias de julho, para um curso de formação em artes culinárias no Kendall College, em Chicago. Durante esse tempo, tive a oportunidade de estudar com renomados chefs e de pensar sobre o que seria meu futuro dali em diante. A essa altura, a seis meses de me graduar na faculdade, eu já olhava para a frente e imaginava quais seriam meus próximos passos.

Os estágios me trouxeram prontidão para fazer o que fosse necessário e também me proporcionaram a noção de processos, gestão de equipe e administração. A partir daquele momento, eu me encontrava entre duas opções: seguir trabalhando em restaurantes ou começar a construir um caminho mais autoral, para entender qual seria minha "assinatura" no ramo da gastronomia, me firmando em alguma tendência.

A segunda opção me chamava com mais força, talvez por contemplar minha veia empreendedora. Por isso, decidi começar minha carreira profissional me lançando como "*personal chef*", promovendo pequenos jantares privados. Essa experiência me trouxe um senso de identidade, e colaborou para que eu entendesse o que, afinal, me interessaria construir dentro de uma área tão ampla.

A partir daquele momento, senti a necessidade de desenhar os próximos passos. E tudo apontava para que eu entrasse, definitivamente, como um empreendedor na vasta área que chamamos de gastronomia.

Sim, porque são muitos os caminhos possíveis, muitos modelos de negócio, muitos tipos diferentes de empreendimento. Cada qual com seu público, sua curva de vida, suas particularidades. Mas isso, feliz ou infelizmente, eu só aprendi em pleno movimento.

Como nem só de trabalho vive um homem, foi logo após voltar de Chicago que conheci uma das pessoas mais importantes da minha história: Thais Leme, a mulher que viria a se tornar minha companheira de vida.

Como não poderia deixar de ser, nosso encontro se deu nas "baladas da vida", mais precisamente no Baixo Augusta, no Studio SP. Clovis, um grande amigo que temos em comum, estava de mudança para a África, e aquela seria sua festa de despedida.

Sabe quando uma pessoa está sempre perto de você, mas não chega a oportunidade de conhecê-la mais intimamente, porque ela é sempre "a amiga da amiga"? Era esse o caso da Thais. Além do Clovis, vários outros amigos queriam nos apresentar, e a torcida foi ficando grande. Anne, uma dessas pessoas, chegou a ligar para Thais durante um dos jantares que eu preparei para me "recomendar" para ela; obviamente, não apenas como personal chef. Na ocasião, ainda acrescentou o que considerou um pequeno defeito que ela teria que aturar: "O Rodrigo, quando ri, parece que está engasgando".

(Nada a declarar sobre isso.)

Na noite da festa do Clovis, minha futura namorada estava pensando em ir para a praia, mas a insistência para que ela fosse ao Studio SP foi grande. Então, ela não só resolveu arriscar, como deu de cara comigo logo ao chegar. Se isso não era a vida facilitando as coisas, não sei o que seria... Eu também facilitei bastante e já fui puxando papo. E funcionou.

Ali mesmo, juntamos as mãos, no meio da farra, do riso, da festa, totalmente alheios ao que o destino nos preparava, mas com uma sensação maravilhosa de estar em casa.

Já no primeiro encontro.

Quando eu sinto que alguma coisa é importante na minha vida, não fico enrolando. No dia seguinte, já convidei Thais para um almoço. Dias depois, soube que ela queria ir ao Rock in Rio e, como eu já tinha os ingressos, fomos com outros amigos.

Naquelas primeiras semanas juntos, ainda não dava para classificar nosso vínculo de "namoro", mas as circunstâncias continuavam nos ajudando: Thais estava trabalhando em uma agência de comunicação nos Jardins, bem perto daquele apê que eu dividia com Malvino Salvador. Por sorte ou pelo destino, essa proximidade facilitou demais a continuidade dos encontros, porque sempre rolava uma "passadinha" depois do expediente.

Até que, em um desses dias, ela chegou na minha casa passando muito mal, com sintomas do que parecia ser uma cistite. Como meu irmão é médico, ligamos para ele imediatamente, e Raphael já nos conseguiu uma internação no hospital onde ele trabalhava, no Santa Paula. Fui junto para acompanhá-la, esperando que fosse um procedimento simples, mas não foi o que aconteceu.

Ninguém conseguia entender qual era o problema dela, e os dias na internação foram se sucedendo.

Eu não tinha dúvidas de que, mesmo tendo conhecido aquela mulher há pouco mais de um mês, queria ficar junto dela naquele momento difícil. Antes mesmo que nosso namoro fosse oficial, nossa cumplicidade se firmou entre as paredes do hospital. Eu a acompanhei nessa jornada, muitas vezes dormindo por lá, aguardando, junto de sua família, as tão esperadas notícias, quando nada parecia resolver seu problema.

Até que Anne (nossa amiga-cupido) perguntou se teríamos alguma resistência em conversar com um senhor espírita que ela conhecia, o Dr. Luiz. Ele fazia um trabalho voluntário de orientação espiritual, e tanto Anne quanto sua mãe já haviam passado com ele diversas vezes.

"Vocês acreditam nisso?", nossa amiga perguntou, respeitando nossas crenças.

Sim.

Pessoalmente, eu acredito em tudo que seja orientado para o bem das pessoas. Eu mesmo, no passado, já havia sido curado de um problema no pé por meio de uma cirurgia espiritual. Também creio que, quando temos fé em um caminho que está orientado para a cura, tudo tende a dar certo.

Movido por essa certeza, fui com Anne até a casa do Dr. Luiz, situada na Vila Mariana, e ele nos atendeu. Na sua fala, visualizou (sem que disséssemos nada) o número do quarto onde Thais estava internada, e nos tranquilizou, dizendo que ela ficaria bem. Na saída, nos deu uma "água energizada" para que ela bebesse. Saindo de lá, fomos imediatamente para o hospital, e Thais bebeu o inusitado medicamento.

No dia seguinte, estava totalmente curada, e teve alta.

É curioso como, ao longo da minha história, a ciência e a espiritualidade caminham de mãos dadas.

Tanto eu quanto Thais não frequentamos um grupo religioso específico, mas também não somos ateus. Acreditamos em uma força maior, e eu já testemunhei, em vários momentos da minha vida, o poder que podemos canalizar quando acreditamos que o melhor sempre pode acontecer. Evito, ao máximo, pintar cenários sombrios, não por medo deles, mas porque, realmente, prefiro dar força ao que me deixa bem.

Sabe aquela frase "para todo problema existe uma solução"? Eu sempre foco na solução e, mesmo quando ela não se mostra, sigo procurando até encontrar. Sim, porque, ao menos para mim, ter fé não significa ficar sentado esperando; eu faço tudo o que está ao meu alcance – tudo mesmo – e nunca desisto. Mas, quando sinto que não há mais nada que eu possa fazer, eu entrego. Confio que essa força maior irá indicar um caminho ou enviar alguém que possa nos ajudar na nossa dificuldade.

Tenho tatuada, em um dos braços, a palavra "fé" e, no outro, "esperança". Uma está ligada à outra, é como eu sinto. E não digo isso por crendice, mas por ter atravessado muitos desafios e ter sentido (literalmente) na pele e no coração o quanto esse sentimento é verdadeiro.

(Esse episódio da internação de Thais estava longe de ser o último desafio que atravessaríamos juntos. Ainda seríamos brindados com muitos momentos em que a força dessas duas palavras nos sustentaria.)

Já recuperada, Thais voltou à agência. Mesmo que uma das causas apontadas para sua crise tivesse sido justamente o estresse por excesso de trabalho, nessa época, a sobrecarga e a pressão excessivas eram mais normalizadas e as crises de burnout eram até esperadas, como se fossem um fenômeno quase inevitável para quem trabalhava na área de publicidade.

Veja, isso aconteceu em 2011, ano em que Byung-Chul Han já havia escrito seu conhecido ensaio "Sociedade do Cansaço", mas essa ainda não era uma discussão relevante. As redes sociais ainda não entravam nesse nível de discussões, não era tão comum ouvirmos críticas a respeito da superprodutividade autoimposta. Ao contrário, a busca pelo máximo desempenho, a fim de construir uma carreira perfeita, ainda era o grande mote de 9,8 entre 10 pessoas que possuíam o sonho de fazer alguma diferença no mundo.

Thais começou sua carreira em agências de publicidade. Depois, especializou-se em Fashion Marketing no Istituto Europeo di Design (IED). Após uma temporada em Barcelona, decidiu trabalhar com relações públicas em uma das mais importantes agências de comunicação, a Alice Ferraz. Sua CEO, que empresta o nome à agência, foi considerada, pelas revistas Forbes e Vogue, uma das mulheres mais influentes do mundo. Você pode imaginar o tamanho da responsabilidade, e também da pressão. Contudo, como ela era uma profissional que acabava de se firmar em uma grande oportunidade e sua vontade de crescer era grande, tudo se justificava.

Mas, ainda bem, suas crises pararam ali, depois da água abençoada.

Após a temporada que passamos no Hospital Santa Paula, não havia dúvidas de que Thais e eu estávamos namorando. Entramos em 2012 muito animados; esse foi um período delicioso em nossas vidas.

Minha carreira estava caminhando bem, do jeito que eu queria. Eu já estava bem consolidado como personal chef, então passei a sonhar mais alto. Meu desejo era abrir meu próprio estabelecimento, e que ele tivesse uma forte identidade (há algum tempo eu já refletia sobre qual seria o ramo da gastronomia no qual eu gostaria de investir). Não sei se fui influenciado pela fase da vida em que me encontrava, mas a vontade de abrir um bar de drinks e porções mais sofisticadas foi ficando cada vez maior.

Alguns modelos já estavam se desenhando na minha mente, mas foi durante uma viagem a Nova York — compartilhada com Thais, meu irmão e sua esposa Thatiane — que uma tendência me saltou aos olhos.

Nosso objetivo era apenas fazer um passeio, mas, quando a gente faz o que gosta, o trabalho sempre acompanha o descanso. Ali, as imagens que já se desenhavam na minha mente tomaram um contorno mais claro: os bares noturnos que ofereciam um cardápio com novidades de alta gastronomia eram os que mais "ferviam" naquela metrópole que recebe pessoas e novidades de todo o globo. Considerei isso um ótimo indicador.

Voltei ao Brasil bem animado e, aos poucos, fui desenvolvendo o projeto de um gastrobar, que se tornaria um novo e importante episódio da minha vida.

A ideia era unir um ambiente badalado a uma experiência gastronômica de qualidade. Para isso, idealizei um cardápio cheio de "entradinhas" mais elaboradas, que observei ser a tendência nos bares em Nova York, conhecidas como "*sharing food*". Mais precisamente, eram pequenas porções individuais que acompanhavam os drinks, mas que poderiam ser compartilhadas por uma turma de amigos. Dessa forma, cada pessoa poderia pedir uma entrada diferente, e o grande barato era que, ao trocarem as porções entre si, todos pudessem experimentar um pouco de tudo. Uma ideia bastante simples, mas que tinha sua graça — e que, com outras boas sacadas, poderia trazer uma atmosfera descontraída e, ao mesmo tempo, sofisticada.

Já em 2013, com o conceito do bar e o modelo de negócio pronto, convidei meu irmão Raphael e mais dois amigos próximos para entrarem comigo na sociedade: Clovis Mello, aquele amigo cuja festa me aproximou de Thais, e, é claro, Malvino Salvador, meu superparceiro.

Assim como Raphael e Clovis, Malvino topou na hora; mas, como cada um deles tinha uma vida já bastante direcionada a outros caminhos, entraram apenas como sócios investidores.

Completando o grupo, Clovis convidou um amigo em comum, Luiz Melo, recém-chegado da Austrália e com recursos para investir em algum empreendimento que fosse do seu interesse. A parceria deu muito certo, ainda mais porque, de todos nós, Luiz era o único que tinha experiência na área de administração e poderia dividir essa função comigo. Afinal, uma coisa é entender de gastronomia; outra, bem diferente, é gerir um negócio no ramo.

Sociedade firmada, encontramos o ponto ideal para nosso novo gastrobar: Alameda Lorena, 1892. Contrato assinado, convidei outro amigo, Gustavo Jansen, para desenvolver o projeto arquitetônico. E, daí, partimos para as reformas.

O nome? Pensamos em uma mescla de "bar e restaurante": Barê.

Tudo corria às mil maravilhas. A reforma ia bem, e nosso plano era abrir a casa ainda em 2013. Além do ambiente, pensamos também em convidar um time de profissionais de peso, garantindo a qualidade em todos os níveis.

Para nosso chef de bar, conseguimos o famoso mixologista do Copacabana Palace, Rafael Pizanti. Rafael preparou um menu com mais de trinta drinks, criando mesclas com frutas e ervas aromáticas.

Também fomos o primeiro bar em São Paulo a ter uma carta só de gim tônica. Para chef de cozinha, convidei Paulo Sabino, que conheci durante meu estágio no Arola Vintetres. Paulo acabou se tornando um grande parceiro, não só no Barê, mas também nos empreendimentos que viriam depois.

Com tanto cuidado nos mínimos detalhes, o Barê tinha tudo para dar muito certo. E, cá entre nós (desculpa o spoiler), deu mesmo.

Eu acredito que a sorte pode nos brindar em todos os campos da vida. Então, se os negócios iam bem, o amor também poderia ir.

Meu namoro com Thais seguia firme, e senti que 2013 também seria o ano de sonharmos com um próximo passo na nossa parceria. Como havíamos marcado uma viagem para Caraíva, na Bahia, idealizei que seria o cenário perfeito para um pedido (surpresa) de casamento. Certo?

Maaaaaassss (a vida sempre rindo dos nossos planos) as alianças não ficaram prontas a tempo. Então, apesar de termos vivenciado uma viagem deliciosa, esse grande momento só aconteceu algum tempo depois, em um jantar de família.

Marcamos nosso casamento para o ano seguinte, pois aquele estava totalmente dedicado a outro evento: a inauguração do Barê.

Na noite de 8 de dezembro de 2013, uma nova estrela nasceu. Ao menos, na minha história.

Abrimos as portas do nosso gastrobar, e ele recebeu, calorosamente, o que lhe faltava: seu público.

Nossa divulgação foi excelente. Tivemos a sorte de poder contar com a vasta experiência de Thais como relações públicas e ela nos deu um apoio essencial para a inauguração. Também contou muito o fato de Malvino Salvador ser um ator nacionalmente conhecido, o que nos proporcionou bastante mídia espontânea.

Ainda assim, de nada adiantaria um lançamento glorioso se o local não cativasse, pela sua qualidade, o exigente público convocado. Modéstia à parte, foi o que também conseguimos.

Aquela noite foi inesquecível.

O Barê já nasceu bombando, e eu, dois anos depois de formado, finalmente estava vivendo a vida que tanto sonhei desde que aportei na Pauliceia Desvairada, doze anos atrás.

Ao final de 2013, eu, ator e posteriormente graduado chef, também era sócio empreendedor de um dos bares mais badalados de São Paulo.

Quando tudo se encaixa

Entramos em 2014 com tudo. O Barê teve uma subida rápida e continuou em alta mês a mês, com uma ampla divulgação.

Não estava nada mal ter conquistado esse feito logo no primeiro empreendimento. Mesmo que esse resultado não tenha caído do céu — pois trabalhamos muito para que ele acontecesse —, eu mesmo já havia aprendido que a máxima "trabalho árduo e de qualidade só pode gerar bons resultados" não acontece sempre que desejamos. Por outro lado, sem empenho e um desejo genuíno de dar o seu melhor, dificilmente a coisa acontece, ou se sustenta.

Pelo menos, é nisso que eu acredito.

A experiência de gerir um negócio foi se construindo ao longo do processo. O conhecimento de Luiz na área administrativa e a influência midiática de Malvino foram importantes suportes. Eu, de olho nas novidades, também buscava inovar sempre e, assim, de tempos em tempos, acrescentávamos alguma novidade ao Barê. Por exemplo, aos finais de semana chamávamos um DJ para tocar. E, às quartas-feiras, fazíamos o "Jazz na escada", utilizando uma escadaria que havia no bar. Íamos testando o que o público gostava, sempre atentos às tendências.

Casar, comer, praiar, amar

Para completar minha felicidade, Thais e eu trocamos nossas alianças no dia 26 de abril daquele mesmo ano. Foi uma cerimônia bastante simples, no cartório, porque queríamos economizar nossos recursos para comprar um apartamento maior.

Nosso primeiro ninho foi meu apartamento na Vila Olímpia, aquele mesmo que eu havia comprado, de 42 m^2. Para nós dois era perfeito, mas, como nossos planos iam além de sermos apenas um casal, já era o momento de investir em um novo lugar. O que escolhemos ficava no Paraíso, em um prédio muito bom, ainda em construção, onde começamos a investir.

Portanto, depois da cerimônia no cartório, nosso plano era comemorar apenas com um almoço em família. No meio do caminho, Raphael, meu irmão, disse que precisava dar uma passada na casa dele. Fomos todos até lá e, ao chegar, tivemos uma surpresa: todos os nossos amigos estavam presentes e haviam organizado uma festa, com banda e tudo, para celebrar nosso casamento.

Essas delícias que a vida nos traz, um presente surpresa feito por gente querida.

A festa foi maravilhosa, e a lua de mel, ainda mais. Nossa felicidade foi brindada em terras italianas, percorrendo cidades da Costa Toscana e da Costa Amalfitana.

Amor e gastronomia juntos, marcando nossa união. Nosso casamento se estendeu aos negócios.

Desde que começamos a namorar, Thais trabalhava como RP (Relações Públicas) no setor de moda, com passagem pela agência Aline Ferraz, como já contei, e também pela Index Conectada. Mas, de tanto nos ajudar com a comunicação do Barê, uma luzinha acendeu em seu interior: decidiu migrar da moda para a gastronomia.

A princípio, seu plano era mudar de núcleo na agência, mas logo ela percebeu a oportunidade de também se tornar uma empreendedora e seguir uma nova direção profissional. Assim como eu, Thais tem um espírito pioneiro e sempre soube que um dia seguiria seu caminho solo. Era apenas uma questão de tempo, coragem e oportunidade.

Aquele era seu momento, porque o Barê era, para nós, um empreendimento que estávamos construindo juntos, e ela gostaria de poder colaborar mais ativamente. Então, despediu-se da Index e entrou oficialmente na equipe do Barê como assessora de imprensa, ao mesmo tempo que passou a atender outras marcas do ramo. Com mais tempo para buscar seus próprios interesses, também fez diversos cursos de aprimoramento na área de marketing digital, e seguimos trabalhando juntos, cruzando as alianças também em nossos caminhos profissionais.

O céu era nosso limite.

Quando tudo se expande

Entre 2014 e 2015, o Barê não só continuou no auge, como também expandiu seu conceito de diversas maneiras.

A expansão começou pela frente da casa: fomos um dos primeiros bares em São Paulo a montar os hoje tão familiares "parklets", que são aquelas áreas de convivência dispostas sobre a via pública, como calçadas e vagas de carro. O parklet do Barê foi o primeiro a ser patrocinado pela Heineken, que, depois, tornou-se uma empresa parceira em muitos outros eventos.

Mais adiante, a visibilidade conquistada pelo nosso gastrobar, somada à nossa vontade de fazer muito mais, trouxe novas oportunidades de expansão, que abraçamos com tudo! O Barê passou a ser não apenas uma casa, mas um conceito, que poderia ser "transportado" e integrado a eventos de todos os tipos, como festas, feiras e noites especiais.

Por exemplo, ficamos responsáveis pelo bar da Casa Cor, um importante evento do setor de decoração em São Paulo. Montamos o "Bar do Terraço" em um ambiente também desenhado por Gustavo Jansen (o mesmo arquiteto que projetou o Barê), proporcionando um ambiente descontraído para as pessoas curtirem a feira e, depois, degustarem nossas famosas entradinhas, pratos *à la carte* e, é claro, muitos drinks.

Também participamos de eventos em parceria com a Casa Jaguar, como a "Casa Jaguar XE", um espaço no Jardim América, em São Paulo, que reuniu atrações exclusivas de design, arte, tecnologia e música. No terraço do Shopping JK Iguatemi, também fomos os responsáveis pelo bar do evento temporário promovido pela Chivas Regal, "Chivas Spirit – Vença do Jeito Certo". Era um misto de HUB para discutir e fomentar o empreendedorismo social, um bar de Chivas, com drinks exclusivos, além de um espaço de venda de artigos diferenciados de empreendedores sociais. Nós, é claro, ficamos com a missão de elaborar os drinks, com direito a uma criação exclusiva para a ocasião.

Para finalizar os exemplos do que experimentamos como o "Barê estendido", trago à memória o "Heineken on the Rooftop", sempre realizado na cobertura de importantes prédios históricos de São Paulo, como o Edifício Martinelli ou o Mirante do Vale. Com duração de mais ou menos um mês, a cada "temporada" eram apresentados shows de excelentes artistas, DJ's e, evidentemente, uma experiência de bar e gastronomia requintada, promovida pelo Barê.

Todos esses eventos (e mais a administração do bar) eram suficientes para preencher nossos dias e, assim, atravessamos um tempo de muito sucesso e entusiasmo. Essa era a vida com a qual eu havia sonhado: muito trabalho realizado, mas também muitos frutos colhidos. E nada de ficar na fila de espera, esperando ser editado ou qualquer outro tipo de aprovação!

Quer dizer... uma nova espera estava chegando à minha história; mas, dessa vez, era algo muito bom a se aguardar... Em janeiro de 2015, justamente quando estávamos no topo do Edifício Martinelli, recebi uma notícia que mudaria minha vida para sempre: Thais estava grávida.

Ao me dar a notícia, ela tinha certeza, porque, para se certificar, havia feito não um ou dois, mas seis testes!

Agora nossa felicidade estava completa, pois tanto Thais quanto eu sempre sonhamos em formar uma família.

Quando a vida vira um blend

Temos essa mania de separar a vida em caixinhas, não é mesmo?

O "pessoal" e o "profissional", por exemplo. Como se a pessoa que somos em um campo pudesse ser separada da outra, quase mecanicamente. Sim, concordo, são papéis bem diferentes. Mas isso está em um campo mais superficial, de códigos, ambientes e vestimentas. Contudo, no que se refere ao *ser*, somos a mesma pessoa em todos os campos. E eles se entrelaçam.

Nesse blend, nossas diferentes personas podem brigar entre si, provocando um sabor bem amargo, ou podem se dar as mãos, fazendo com que a vida seja uma experiência bem inusitada. Tudo depende de como as integramos, ou não, a um plano que considere todas as áreas da nossa existência.

No meu caso, não tive muita escolha. A partir do nono mês de gestação da Thais, todos os "departamentos" da vida se amalgamaram de tal maneira que todas as caixinhas se abriram.

Toda a ilusão de qualquer separação caiu por terra.

Assim como a (risível) ideia de que controlamos alguma coisa.

"Só não pode nascer no dia 16!"

Essa "lição" começou por aí. Era isso que a gente dizia, pensando que estávamos sendo até razoáveis nesse "pedido". Afinal, já estávamos em outubro, tudo caminhando às mil maravilhas, e Thais estava muito bem assistida pela médica, que se tornou nossa grande amiga, a doutora Vera Lucia Delascio Lopes. A data provável do parto já estava chegando, mas não parecia que aconteceria assim, "tão cedo". Pelo menos, não no dia 16 de outubro de 2015.

Mas por que essa data era tão proibitiva?

Porque seria o dia de um importante jantar, em mais uma parceria com a Casa Jaguar, que eu estava idealizando com Vitor Sobral, conhecido chef português. A data já estava marcada no nosso cronograma, e parecia bem improvável que dois eventos tão importantes em minha vida acontecessem juntos.

Só que...

No dia 14, Thais foi para uma consulta de rotina e, por meio de um exame chamado cardiotoco, foi identificada uma alteração nos batimentos cardíacos de Theo. Outro exame foi marcado, então, para o dia 16, um ultrassom com doppler, no qual foram identificadas três circulares de cordão umbilical. Recomendação: irmos direto para o hospital.

Sim, tudo ao mesmo tempo.

Mas para tudo se dá um jeito, e o mais importante aconteceu: no dia 16 de outubro de 2015, nosso filho chegou ao mundo. E eu, além de ator, modelo, chef, empreendedor... agora havia me tornado pai.

Um vaivém na marginal

O nascimento de Theo foi mais do que celebrado. Formar uma família era um sonho que tanto Thais quanto eu levávamos no coração. Maaaaaaas, como todo mundo que já passou por essa experiência bem sabe, a vida não para pra curtirmos a paternidade em tempo integral.

O blend segue acontecendo.

Então, Thais e eu também atravessamos aquele dilema básico de todos os pais e mães de primeira viagem: como conciliar a vida parental com a profissional? Falando em termos práticos, como se dedicar às muitas demandas do trabalho e, ao mesmo tempo, se dedicar aos cuidados de um ser que acabava de chegar ao mundo?

Se fosse em outras épocas, o mais comum aconteceria: Thais abriria mão de sua carreira para se dedicar à maternidade. Digo "outras épocas" como cultura naturalizada, porque, em termos práticos, isso ainda acontece muito nos tempos atuais. E, mesmo em famílias como a nossa, em que a noção de igualdade de direitos é um valor, ainda assim sou testemunha do quanto é muito mais "pesado" para as mulheres sustentarem essa dupla jornada.

Infelizmente, são inúmeras as cobranças que recaem tanto sobre a profissional — para que consiga dar conta da mesma produtividade, mesmo com uma rotina totalmente transformada — quanto sobre a mãe — exigindo, mesmo depois de horas de trabalho, que ela tenha um "tempo de qualidade" para dar aos filhos. De nós, os pais, espera-se bem menos. Uma loucinha lavada, uma fralda trocada, um balanço para fazer o bebê dormir, e já estamos acima da média. Se fizermos o jantar, então, já somos o "pai do ano".

Mas... mesmo que, em nossa vida, a coisa não funcionasse nos moldes "antigos"... e ainda que, por termos nosso próprio negócio, pudéssemos escolher nossos horários... o tempo dividido entre casa e trabalho não era suficiente para dar ao Theo os cuidados de que ele necessitava.

Como resolvemos esse caso?

Rede de apoio.

No caso, nossa rede era a família da Thais, já que a minha não vivia em São Paulo. A mãe dela nos deu um imenso suporte, ficando com Theo todos os dias para que pudéssemos seguir com nossos afazeres.

Questão resolvida? Sim!

Só que... como a família da Thais vivia na Zona Norte de São Paulo (e nós, na Zona Sul), nossa rotina foi presenteada com dois longos vaivéns pelas marginais – as imensas avenidas que ligam esses pontos cardeais da metrópole. Quem conhece São Paulo sabe do que estou falando.

De qualquer maneira, agradecemos. Pouca gente tem esse privilégio. E foi graças a esse apoio que atravessamos o primeiro ano de Theo muito felizes, vendo crescer não só nosso filho, mas também nossos sonhos.

No meio do caminho, tinha um MasterChef

Em agosto de 2016, quando Theo estava com quase um ano de idade, os estúdios de TV voltaram a ocupar a agenda dos dias.

Como tudo isso aconteceu?

Sorte? Coisas do destino?

Deixa eu te contar a história toda.

Lá estava eu, vivendo minha vida agitada, quando uma amiga me enviou uma postagem do Facebook anunciando um processo seletivo.

A chamada era para participar da primeira edição do "MasterChef Profissionais Brasil", baseado no programa originalmente produzido pela BBC, que já tinha suas versões no Reino Unido, Austrália e Portugal. No Brasil, essa primeira temporada seria apresentada pela jornalista Ana Paula Padrão, teria como jurados os chefs Henrique Fogaça, Paola Carosella e Érick Jacquin, e seria exibida pela Rede Bandeirantes.

As inscrições se encerrariam naquele mesmo dia em que vi o anúncio. Como eu já era fã da edição australiana e não tinha nada a perder, resolvi arriscar.

O mais engraçado foi que, depois de anos ficando travado na última etapa da peneira dos testes, depois de tanto tempo tentando entender os famosos critérios para um "sim" ou para um "não" para ser escolhido para um elenco... no dia seguinte à minha inscrição, me chamaram para uma entrevista. Eu já havia sido selecionado.

(Tire suas próprias conclusões.)

Passei por diversas etapas, mas, no meio do programa, como acontece em todos os *reality shows* eliminatórios, é próprio do formato nos depararmos com demandas que estão muito além da nossa especialidade. Então, ao encarar o desafio de fazer uma receita de Ópera, um bolo clássico francês, vivi meu *grand finale*.

Mesmo tendo realizado a tarefa com empenho, não foi o suficiente para chegar às finais. Não vou mentir, é claro que gostaria de ser o vencedor, porque ninguém que se coloca à prova quer perder. Mas, mesmo não conseguindo conquistar o prêmio, posso dizer com sinceridade que ter a chance de participar do programa já valeu muito a pena. Foi uma grande experiência!

O "MasterChef Profissionais" foi ao ar pouco tempo depois das gravações, em outubro de 2016. E minha nova passagem pelas telinhas trouxe visibilidade não só para minha reputação como chef, mas também para o Barê, o que nos rendeu boas parcerias com novas marcas. Além disso, fui chamado para ser consultor em alguns restaurantes, fortalecendo outro importante "braço" da minha carreira no ramo gastronômico, que, futuramente, seria definidor de novos rumos.

Ganhar é ótimo,
mas estar no jogo
é sempre próspero.

Ainda mais
quando a gente
acredita que
não está escrevendo
a própria
história sozinho.

Repensando o Paraíso

Logo que uma criança começa a engatinhar, a gente já entende que o espaço que ela ocupa terá que crescer.

Se essa afirmação serve como uma metáfora para os negócios — e era o que estávamos fazendo com o Barê —, naquele momento, a frase era bem literal. Nosso aconchegante ninho de 40 m² na Vila Olímpia havia se tornado, de repente, minúsculo. E foi justamente nesse momento, em meados de 2016, que recebemos a notícia de que aquele apartamento no Paraíso, o que havíamos comprado na planta, seria entregue.

Sorte? Talvez.

O problema era que, apesar de todo o sucesso do Barê, da projeção proporcionada pela participação no "MasterChef" e das novas oportunidades que se abriam, a necessidade de constantes reinvestimentos fazia com que nossa vida fosse financeiramente bastante apertada. E, a partir da entrega do apartamento, não conseguiríamos mais arcar com as prestações, pois elas aumentariam consideravelmente.

Como tanto eu quanto Thais somos muito "pé no chão", não conseguíamos vislumbrar uma solução para aquela equação: o déficit que teríamos mensalmente, caso insistíssemos em nos mudar para o Paraíso, não era nada animador. O único jeito, então, seria conseguir um apartamento mais em conta e abrir mão daquele no qual estávamos investindo há tanto tempo.

Mudar nossos planos seria inevitável, mas nada fácil. Thais estava muito preocupada que nesse "abrir mão" acabássemos perdendo os recursos que já havíamos investido. Por outro lado, eu tinha certeza de que tudo daria certo. Não sei explicar, é algo que carrego comigo. Sempre foco no que preciso que aconteça, e é o que acaba acontecendo. Se isso é verdade ou não, cada um decide. Comigo sempre funciona. E, dessa vez, não foi diferente. Conseguimos negociar com a construtora do Paraíso, que logo encontrou compradores.

A segunda parte do problema era: para onde iríamos nos mudar?

O valor do metro quadrado nas regiões mais centrais estava muito além das nossas posses. Mesmo na Vila Olímpia, onde vivíamos, não seria possível comprar nada. Sugeri, então, que tentássemos no Brooklin, e foi para lá que acabamos nos mudando.

Encontramos uma opção muito boa, mas, para comprar, o montante que tínhamos recuperado (ao passar adiante nosso apartamento no Paraíso) não seria suficiente, pois ele ainda estava sendo financiado. Para completar o valor, também precisaríamos vender o imóvel em que estávamos habitando, o que ainda não havia acontecido.

Nesse trâmite, acabamos perdendo a oportunidade, pois o apartamento foi vendido para outra pessoa. É sempre complicado quando uma compra está condicionada à outra, mas não haveria outra solução. Até que, finalmente, o melhor dos mundos aconteceu: encontramos outro lugar muito bom, cujo proprietário aceitaria receber nosso apartamento da Vila Olímpia como parte do pagamento. Dessa forma, tudo se resolveu.

Ao final de 2016, fechamos o contrato e iniciamos as reformas.

Em 2017, já éramos os novos moradores da região.

O Barê havia completado quatro anos desde sua inauguração e, para mim, era evidente que eu estava me consolidando não apenas como chef, mas também como empresário do ramo gastronômico. E, como eu acredito que precisamos sempre correr atrás de toda informação de qualidade disponível, entendi que precisava expandir meus conhecimentos também no campo administrativo.

Então, além do movimento proporcionado pela nossa mudança, 2017 me plantou uma ideia na cabeça: fazer estágio em um restaurante com "três estrelas Michelin", para entender o que leva um estabelecimento a receber tamanho reconhecimento.

Para quem não está familiarizado com essa expressão, explico: as estrelas Michelin são uma das mais altas qualificações que um restaurante pode receber. Esse guia é elaborado desde 1900 e, ao longo de todos esses anos, configurou-se como uma referência mundial de classificação de restaurantes e hotéis, seguindo critérios de qualidade estabelecidos.

Ter apenas uma estrela já é sinônimo de qualidade. Duas, de excelência. Três estrelas, então, significa algo excepcional. E foi para um desses espaços estelares que eu me inscrevi, concorrendo à oportunidade de uma vivência: o Atelier Crenn.

Dominique Crenn, sua proprietária, é uma chef francesa que decidiu deitar raízes nos Estados Unidos, mais precisamente em São Francisco, onde fundou o restaurante. Quebrando os tabus machistas que cercavam a cena gastronômica, ela foi a primeira mulher a receber tal reconhecimento nas terras norte-americanas, e seu Atelier foi considerado um dos cinquenta melhores estabelecimentos do mundo.

Seria uma ótima oportunidade para aprender, concorda?

Para completar, caso fosse aceito, eu conseguiria um suporte para hospedagem, porque o tio do Clovis vivia justamente em São Francisco, e já havia oferecido seu apoio.

Mesmo com todas essas maravilhas, conversei com Thais sobre a conveniência de me inscrever, já que isso implicaria ficar, pelo menos, um mês fora de casa. Mesmo com Theo ainda pequeno, ela me apoiou totalmente.

Semente plantada, sorte lançada. Eu não sabia quais eram as chances de ser chamado, mas minha parte havia sido feita.

Agora era só esperar.

Um desafio muito além das marginais

Morar um pouco mais longe do centro acabou acrescentando ainda mais tempo ao nosso vaivém Norte-Sul – e o que já era complicado, piorou. Fazer desse trajeto uma rotina diária passou a ser insustentável. Teríamos que buscar novas alternativas para os cuidados com Theo, e também novos recursos.

Por isso, Thais decidiu dar "um passo atrás" em sua trajetória autônoma para, novamente, procurar trabalho na área de publicidade. Acabou conseguindo uma vaga na área de *branded content* em uma agência de branding e design (CBA B+G), onde passou a atuar como estrategista e coordenadora de RP. E o melhor: seu novo emprego ficava a apenas duas quadras do nosso novo apartamento. Sinal de fluxo.

Para completar o quadro, em fevereiro de 2017, decidimos matricular Theo em uma escolinha, também bem próxima da nossa casa. Dessa forma, nossa rotina ficaria mais prática e ele poderia começar seu processo de socialização.

A vida se reestruturou bem... pelo menos era o que pensávamos.

Até que... um mês após o início das aulas, Theo começou a ficar muito mal. E não era apenas uma daquelas viroses que as crianças pequenas pegam logo que começam o período escolar. Era um pouco mais grave do que isso.

Theo foi internado no Hospital Santa Catarina. Diagnóstico: bronquiolite.

Novamente, as paredes do hospital passaram a ocupar espaço na nossa rotina. Dessa vez, com nosso filho.

O caso era sério, e Theo ficou internado por um tempo. E isso, é claro, fez com que tudo se alterasse. Não estou falando "apenas" das questões práticas, mas também dos batimentos cardíacos.

Ver um filho internado acaba com a gente, mexe nas estruturas, faz estremecer as entranhas. E, mesmo sendo um otimista irreparável, eu não sou o Homem de Ferro.

Pelo menos estávamos nas mãos de bons médicos e já sabíamos qual era o diagnóstico. O próximo passo era fazer o que fosse necessário para que a saúde de Theo se reestabelecesse. Para isso, tivemos que aprender a controlar as crises em casa, porque elas iam e vinham, com inevitáveis visitas ao hospital.

Logo que Theo começou com as internações, sentimos que não poderíamos contar apenas com nossa família. A mãe de Thais, por mais disponível e amorosa que fosse, morava do outro lado da cidade, e havia limites para aquele apoio.

O Barê me cobrava atenção diária e constante, e Thais, recém-adaptada ao seu novo trabalho, também precisava atender às suas demandas profissionais.

Estava claro que precisaríamos de mais alguém, diariamente, para nos ajudar a cuidar do nosso filho, o que era um assunto extremamente delicado devido à sua condição de saúde. Não dava para deixar essa tarefa nas mãos de qualquer pessoa.

Em busca de soluções, Thais foi até a escolinha de Theo e comentou com Luzinete Oliveira, a professora assistente, o nosso dilema. Foi quando ela respondeu, com um trio maravilhoso de palavras:

— Pode ser eu.

É essa a beleza dos encontros. E alguns deles são facilitados quando justamente compartilhamos nossas aflições, e não nos colocamos como as únicas pessoas aptas a encontrar as saídas para os próprios problemas. O que aconteceu naquele dia foi uma alegria mútua: Luzinete não estava totalmente satisfeita com seu emprego ali, e aguardava o momento em que poderia entrar no trabalho de seus sonhos (o que aconteceria somente após se formar, no final daquele ano). Enquanto isso, ofereceu-se para ser a tutora de Theo na nossa casa. Para nós, também era uma notícia maravilhosa, porque não só já a conhecíamos, como já tínhamos muita afinidade com ela.

E foi nesse dia que a "tia Lu", que já era parte das nossas vidas, passou a habitar nossa casa, sendo uma importantíssima pessoa na nossa história familiar. Graças a ela, ficávamos em paz em seguir com nossos trabalhos, atender às outras demandas da vida, mesmo atravessando um período tão desafiador como aquele.

Porque, apesar das "idas e vindas" da bronquiolite, ela não arrefecia. E não havia nenhum indicador de que passaríamos rapidamente por tudo aquilo.

Enquanto isso, o Barê, os eventos e tudo o mais. Todas as noites.

Sim, ainda era o que eu queria fazer, e seguia fazendo, graças ao apoio dessa rede que se formou para amparar minha família.

Então, em meados de 2017, a sementinha plantada nos meses anteriores germinou: fui chamado para o estágio no Atelier Crenn, em São Francisco.

Proposta irrecusável.

Só que... e o Theo?

Thais e eu conversamos muito, e ela, mais uma vez, me apoiou integralmente. Mesmo com toda a situação ainda bem instável em relação à saúde de Theo, ela me deixou tranquilo para galgar mais aquele degrau na minha carreira. E, de certa forma, no nosso empreendimento familiar.

Sim, porque construímos o Barê juntos, e eu nunca o considerei como uma construção somente minha.

Não apenas porque Thais trabalhou na sua divulgação, mas por todas as conversas que partilhávamos, e todas as vezes em que ela cuidou de Theo para que eu pudesse estar fora de casa e focado no que tivesse que fazer para que nosso empreendimento prosperasse.

E foi graças à nossa parceria e cumplicidade que, em setembro de 2017, eu estava de malas prontas, rumo a São Francisco, para acrescentar mais essa experiência à minha bagagem.

Cabeça nas (três) estrelas, pés bem plantados no chão

Como definir o mês que eu passei no Atelier Crenn? Intenso.

Doze horas de trabalho diárias, das seis da manhã às seis da tarde. Pagamento? O conhecimento. Assim era, não apenas comigo, mas com todas as pessoas vindas de diferentes partes do mundo, que chegavam até aquele mesmo local em busca de aprendizado.

O trabalho era grande, mas eu busquei absorver o máximo possível de informações, especialmente no que se referia à gestão. Eu queria entender, vendo de dentro, o que faz um restaurante conseguir três estrelas Michelin. E, de fato, consegui assimilar diversos processos que permitiam que essa excelência se manifestasse.

Muita, muita disciplina. A cozinha era limpa três vezes ao dia. Para tudo havia um procedimento definido e minucioso, desde a forma de etiquetar os frascos até a maneira de servir à mesa. Nada passava batido.

Esse padrão de qualidade diferenciado também se manifestava na atitude de todas as pessoas que trabalhavam ali, seja qual fosse a sua função. Havia um orgulho em pertencer a um lugar tão reconhecido, como se as três estrelas que pairavam sobre o Atelier Crenn também emprestassem seu brilho à equipe que o sustentava. O valor daquela "aura de excelência" era estendido a todos nós, gerando um espírito de compromisso que era devolvido ao espaço na forma de muito trabalho e dedicação.

Para mim, tudo isso soava como o paraíso. Eu sempre acreditei no trabalho como a melhor forma de atingir um lugar de consistência e respeito. Não acho que qualquer sucesso venha "do nada", mas de muita construção. E sempre gostei de construir. Então, as minhas doze horas diárias, apesar do cansaço, eram também recheadas de encantamento.

Como você pode imaginar, depois dessa imersão, inúmeras ideias saltavam da minha cabeça em um ritmo alucinante. E eu estava louco para poder aplicá-las no Barê.

Ao pousar no Brasil, mesmo animado, eu já sabia o que encontraria: mais desafios em relação à saúde do Theo. Por mais inspirador que tenha sido meu estágio, aquele também havia sido um mês permeado por ligações telefônicas muito difíceis, já que Theo teve diversas crises de bronquiolite naquele período, chegando a ser internado.

Mesmo que essa viagem tenha sido consensuada com Thais, não foi nada fácil para ela segurar essa onda sozinha. Por mais que tivesse o apoio incondicional dos seus pais, há coisas que só conseguimos compartilhar com quem divide a parentalidade conosco.

O que eu pude fazer, durante todo esse tempo, foi acalmá-la do lado de lá do Equador, falando com toda convicção o que eu realmente acreditava (e sempre acreditei): "vai ficar tudo bem".

Eu raramente penso que o pior vai acontecer. Não por ignorá-lo, mas por escolher colocar o foco no que quero que aconteça. Sei que parte disso não está em nossas mãos, mas tampouco ajuda pensarmos no pior. Então, nesses momentos de crise, praticamente bloqueio o pior cenário dos meus pensamentos e me conecto com a certeza de que tudo sairá da melhor forma.

Isso não é da boca pra fora. É um sentimento verdadeiro. Há quem chame de fé ou confiança na vida, mas é algo que carrego comigo. E entendi que posso transmiti-lo, de alguma maneira, às pessoas próximas que precisam desse apoio.

Durante o tempo em que estive fora, foi o que eu pude fazer. Mesmo trabalhando doze horas diárias, segui conectado à minha família, acompanhando as internações, amparando à distância.

"Como você conseguiu fazer isso?", muita gente me pergunta.

Sinceramente, não sei. Como diz o personagem Chicó, do *Alto da Compadecida*, "só sei que foi assim".

A diferença é que, no meu caso, não é conversa fiada ou história inventada. É a mais pura verdade.

Despencando das estrelas

O ano de 2017, marcado por tantas provações, chega ao seu final trazendo mais um desafio como presente de Natal: o faturamento do Barê começa a cair, a ponto de já precisarmos usar o caixa dos eventos para cobrir as despesas do bar. E tudo indicava que isso não seria apenas uma "fase ruim", mas um movimento que havia começado a se desenhar já no meio daquele ano e que, agora, se intensificava.

Parece piada, né? Justo quando eu voltava de São Francisco cheio de novas ideias...

Uma coisa é aprimorar o que está funcionando, outra é salvar um barco que começa a naufragar (ainda mais estando dentro dele). Por mais que essa imagem não seja muito animadora, era exatamente isso o que estava ocorrendo.

Motivo?

Havia muitas camadas. Evidentemente, uma delas era nossa inexperiência. Durante aqueles anos de "vacas gordas", sempre realocamos recursos no próprio Barê, mas desconhecíamos outros tipos de investimento que poderiam, em momentos de baixa, servir como a boia que nos salvaria da turbulência. Infelizmente, só entendemos isso depois. O conhecimento tem seu custo e, às vezes, ele é amargo.

Por outro lado, mesmo que fôssemos os mestres do empreendedorismo noturno, havia outro fator que faria com que aquela "rápida curva para baixo" fosse inevitável: o próprio segmento em que o Barê se encaixava.

Explico: o mundo da gastronomia não é uma coisa só. Dentro desse meio, há várias áreas possíveis, cada qual com seu público e suas particularidades. O ramo em que estava situado o Barê era o da balada, da "pegação", do fervo. Assim como o mundo da moda, vive de novidades — e tem uma linha temporal bastante curta, a não ser que seja constantemente modificado segundo as tendências. E, mesmo assim, pode ter seu fim antes de uma década.

Evidentemente, quando abrimos o bar, isso nem passava pela minha cabeça. Era o ambiente dos nossos sonhos, construído com tudo o que considerávamos ser "do bom e do melhor" e referenciado nas tendências dos maiores centros urbanos do mundo. O rápido sucesso do Barê chancelou tudo isso, era a prova de que havíamos feito as coisas como deveriam ser feitas. O que não enxergamos, devido à nossa inexperiência, é que todo aquele trabalho não seria suficiente para manter, a longo prazo, nosso empreendimento "em alta". Isso porque o sucesso não dependia apenas da qualidade, mas de fatores inerentes ao próprio segmento em que ele estava inserido. E isso seria bem difícil de driblar, ainda mais com a pouca experiência que tínhamos.

Não digo que éramos cegos à necessidade de sempre apresentar inovações ao nosso público, pois sempre trazíamos novidades; mas, mesmo para isso, havia um limite. Ao longo dos seus recém-completos quatro anos de existência, outros bares já haviam sido abertos com conceitos muito parecidos, e nosso público, volátil por natureza, preferiu conferir o que era "completamente novo" em vez do "conhecido com variações".

**O que fazer? Mudar o conceito?
Trazer mais novidades?**

**Ações desesperadas,
como promoções de todo tipo?**

Como não tínhamos tanta expertise em gestão de crises — nossa prática, até aquele momento, era gerir o sucesso e expandir as fronteiras da experiência —, demoramos um tempo para entender o que fazer. E começamos o ano de 2018 lidando com essa questão.

Seria nossa queda tão rápida quanto a subida ao paraíso? Esperávamos que não.

A essa altura da nossa conversa, acho que você já me conhece o suficiente para saber que não sou a melhor pessoa para lidar com o que é inconstante ou inconsistente. Pelo contrário, gosto quando meu trabalho duro, aplicado a uma construção, resulta em frutos que se perpetuam a longo prazo.

Se isso já havia sido um problema durante minha carreira como ator e produtor cultural, novamente eu me via na mesma situação, em um ramo completamente diferente, para o qual eu tinha me preparado tanto. Não era nada fácil testemunhar essa repetição. E, mesmo confiando na vida o suficiente para não achar que isso era uma piada de mau gosto, esse foi um período difícil de digerir.

Há algumas perguntas fundamentais a se fazer sempre que estamos testemunhando um processo de "queda": "Isso é apenas uma fase ou uma morte definitiva?". E também: "É tempo de aceitar que acabou e desapegar, ou tempo de efetuar mudanças para que a curva suba novamente?". O que você escolheria?

É difícil desapegar de vez, não é? Ainda mais com tanto investimento.

Pois é. Tentamos salvar o Barê.

Entramos no ano de 2018 com esse intento.

Mais precisamente, nossa estratégia foi fazer uma reforma. E não apenas do espaço físico. O que antes era "apenas" um bar, aberto somente à noite, passou a ser também um restaurante. O plano era otimizar os recursos, aproveitando a demanda do almoço para trazer mais renda. Dessa forma, mudamos o conceito da casa, que passou a ser: "Barê cozinha e bar".

Contamos com o projeto do arquiteto Marcos Caracho, que conhecemos durante outra edição da Casa Cor de que participamos. Ele readaptou a casa para seu novo propósito diurno, trazendo, também, mais claridade aos ambientes.

Não ficou nada barato, mas acreditamos que esse investimento era necessário. Infelizmente, o resultado que tanto esperávamos não aconteceu. Ao contrário, ficou ainda pior. O "novo Barê", em vez de trazer um conceito revolucionário e revigorante, acabou colando duas ideias que não deram *match*, perdendo-se naquela "fusão".

Não teve jeito mesmo. A única solução seria vender.

Mas só entendemos isso lá pelo meio do ano, depois de esgotar todas as nossas esperanças e economias em um sonho realizado, mas que havia acabado ali.

A instabilidade que precede a mudança

O ano de 2018 marcou não somente o final do ciclo do Barê, mas uma nova rotina na nossa vida familiar.

Já estávamos lidando com muitos desafios desde o ano anterior, quando Theo começou a apresentar suas crises de bronquiolite, e o quadro acabou se agravando. Em fevereiro, logo após o início das aulas, ele teve mais uma internação. Dada a situação, ouvimos do Dr. Joaquim, o médico que o atendia:

— É melhor ele passar este ano em casa, até que seu pulmão se fortaleça.

Uma criança com dois anos e meio de idade, dentro de casa, por um ano. Era essa a nossa perspectiva.

Eu, naquele momento, ainda tentando salvar o Barê com a reforma derradeira, que estava apenas começando.

Thais, por sua vez, tentava salvar seu emprego em meio a tantas internações.

Tia Lu, nossa grande aliada nos cuidados de Theo, havia concluído sua graduação em Pedagogia e começaria no emprego dos seus sonhos. Isso significava, também, que seu tempo em nossa casa havia chegado ao fim.

Que outras opções teríamos? Estávamos morando no Brooklin, enquanto nossa rede de apoio vivia do outro lado da metrópole.

Era esse o nosso cenário.

Como sempre fazíamos, Thais e eu sentamos para conversar e avaliar nossa situação. O que poderíamos fazer?

Como você já sabe, naquele primeiro semestre, a "salvação" do Barê ainda parecia um projeto viável, e todos os nossos recursos estavam empenhados nesse intento, que, para se realizar, me cobrava foco e presença.

Thais vivia uma forte crise na agência. Sua chefe, por mais compreensiva que fosse, não estava nada satisfeita com suas frequentes faltas para acompanhar as internações de Theo. Ainda que eu dividisse com ela os cuidados com nosso filho, havia uma diferença crucial na nossa situação: ela não podia escolher livremente o que colocar na sua agenda, ou remanejar seus horários, ainda mais em um meio que vive de *trends*, como uma agência de comunicação, onde tudo é tão "urgente".

Como a delicada situação de Theo não mostrava sinais de que teria um fim no curto prazo, a chefe dela já havia sinalizado, como uma sugestão, que talvez fosse melhor ela deixar o emprego para cuidar do filho.

Seria essa, realmente, a nossa melhor opção?

Pausa para uma importante conversa

Apesar de não ser o foco do meu relato aqui, é impossível seguir a nossa história sem uma breve conversa sobre o machismo estrutural.

É preciso dizer, com todas as letras, que o que é "sugerido" (ou, na maioria das vezes, imposto) à mulher, em uma situação em que a vida pessoal "interfere" na rotina do trabalho, é que ela "opte pelo bem-estar de sua família", sob o argumento de ser "uma boa mãe" e abrir mão do seu trabalho. Ou, em português claro, que "deixe de ser um transtorno para a empresa, que não tem nada a ver com seus problemas pessoais".

Não estou dizendo, com isso, que a situação não seja difícil para ambos os lados. Eu, como empresário, sei o quanto é difícil equilibrar todos os pratos e o quanto eles se desestruturam quando a vida de qualquer colaborador ou colaboradora apresenta imprevistos. Portanto, não quero soar leviano ou acusatório, mas apenas destacar o fato, já normalizado, de que, quando o tema do imprevisto são filhos, a "solução padrão" é solicitar à mulher que "resolva o problema". Para isso, apelar ao "instinto materno" é uma maneira bastante conveniente às empresas, pois está revestido de um aparente bom senso.

Sim, a responsabilidade sobre uma criança é, preferencialmente, de quem a gerou. Então, vamos refletir: é comum que essa mesma "oferta" seja estendida ao pai? Ou ela sempre recai sobre a mulher, porque é "natural" que ela cuide?

Aos homens, nos brindam com outras pressões: desempenho, força e uma sobrenatural (quase desumana) separação entre o "pessoal" e o "profissional". Isso também adoece, e muito.

No meu caso, não foi o que aconteceu, não só porque eu era um dos proprietários do Barê, mas porque também tinha bom senso para não sucumbir à autoexploração quase inerente ao "espírito empreendedor". Portanto, ainda que muitas pressões atuassem sobre mim, ainda mais em um momento de crise profissional, eu tinha um relativo poder de escolha. Digo relativo porque, no meio daquele naufrágio, com uma reforma à frente, eu me sentia praticamente com um pé em cada embarcação. Sim, era como dois navios em perigo, cada um com sua tripulação.

O blend da vida, antes tão harmonioso, agora se apresentava como uma profunda divisão.

Cuidar do Theo era imprescindível e inquestionável. E demandava atenção exclusiva. Por mais que revezássemos entre os cuidados com ele e nossos trabalhos, não seria o suficiente. A única solução vislumbrada, ao menos naquele momento, seria um de nós abrir mão do que estava fazendo fora da rotina familiar.

Conversamos seriamente sobre esse dilema: quem de nós deixaria, temporariamente, o trabalho para cuidar de Theo? Consideramos, sinceramente, as duas opções.

Naquele momento, nos pareceu pior que eu deixasse o Barê. Até porque nunca vimos esse empreendimento apenas como parte da "minha carreira", mas como um investimento familiar, algo que era de todos nós. Thais, mesmo trabalhando momentaneamente no meio publicitário, cresceu ouvindo de seu pai o quanto era importante ter sua própria empresa — e estava de acordo em seguir apoiando o Barê. Além disso, já sentia na pele algumas contradições do ramo em que estava construindo sua trajetória: além do machismo implícito, a pressão pelo desempenho constante já havia proporcionado a ela um burnout (lembra?), e aquele *modus operandi workaholic* não só continuava sendo a tônica, mas também se intensificava.

Diante do quadro que se apresentava, Thais tomou a difícil decisão de realmente sair do seu emprego. Não por sucumbir às pressões da agência, menos ainda por minha indução, mas por parecer a "única opção que tínhamos naquele momento". Ela sentiu, de coração, que era o que de fato queria fazer. Não por ser "a mãe de Theo", mas pela própria natureza de Thais.

Para ela, era praticamente impossível seguir trabalhando enquanto Theo ocupava um leito de UTI, ainda que eu estivesse com ele. A cada urgência, todo seu ser se mobilizava na direção de estar ao lado do nosso filho, e isso acontecia não por pressão social ou por culpa materna culturalmente imposta, era o que ela sentia, de verdade, que precisava fazer.

Portanto, logo no início de 2018, tomamos esta difícil decisão: Thais se dedicaria aos cuidados do nosso filho ao longo daquele ano. Segundo o médico, era muito provável que em 2019 Theo pudesse retornar à escola e, dessa forma, ela poderia retomar sua carreira, fosse naquele emprego ou em outro.

Não era a situação ideal, mas, há muito tempo, nosso plano no paraíso já havia ficado para trás. E, como não é do meu perfil repisar o passado, olhamos para a frente, na esperança de que tudo iria se resolver. Para mim, esperança é o que me faz levantar quando todos os passarinhos se calam, porque estão na muda.

Ouvindo os sussurros da fonte.

A vida não é bolinho

Às vezes, não é mesmo. Por mais que se tenha fé de que as coisas irão melhorar (e isso nunca me faltou), há um fator importante que precisa ser considerado para que isso, de fato, aconteça: o tempo.

Sabe aquele aforismo que diz que "tudo sempre acaba bem, e se não está bem, é porque ainda não acabou"? É mais ou menos por aí. O problema é: quanto tempo leva para esse "bem" chegar? Certamente, não é a mesma medida da nossa ansiedade.

Então, já sabendo o que aconteceria em meados de 2018, quando tivemos que entregar o Barê, você pode imaginar o tamanho da nossa crise: Theo atravessando sua jornada contra a bronquiolite, Barê em queda, recursos minguando, Thais sem trabalho.

Quero dizer, sem trabalho remunerado. Porque a energia posta em cuidar de uma criança pequena, trancada em casa por questões de baixa imunidade, era imensa.

Somado a isso, ela ainda seguia apoiando o Barê nas redes sociais, realizando, sem contratação, um trabalho árduo de assessoria de imprensa, tudo dentro da nossa estratégia de salvar o barco do inevitável naufrágio. Ainda que a decisão tivesse sido consensual, Thais muitas vezes se questionava se teria sido a mais acertada. Uma coisa é se imaginar numa situação, outra é passar por ela. E, dependendo da intensidade do desafio que a gente atravessa, parece que ele nunca irá acabar.

Pouco dinheiro, pouco reconhecimento social, muitos desafios, medos, angústias. Foi, também, um tempo muito duro para nós, como casal.

Mas, quando convivemos de perto com um problema grave de saúde de um ser amado, é impossível não repensar o sentido da existência. O tempo de vida evidencia seu valor. Ainda que fôssemos jovens, aquela sensação de ter "muitos anos pela frente" (que, às vezes, nos leva a desperdiçar nossas horas, investindo em caminhos que nos desviam da nossa essência) era atravessada pelo óbvio: a vida não tem seu tempo descrito num contrato.

No caso do Barê, isso se tornou evidente. Depois de todos os recursos empenhados na reforma, ele ainda não apresentava sinais de que iria se recuperar. A única saída possível seria abrir mão.

Enquanto a certeza dos novos caminhos não aparecia, o que eu e meus sócios buscamos fazer foi encerrar o nosso empreendimento com o mínimo de prejuízos e o máximo de dignidade.

Sim, é importante honrar a história do que é construído, ainda que ela termine. O Barê foi um grande empreendimento, nos rendeu muito aprendizado e profundas alegrias. Marcou minha entrada na cena gastronômica não só como chef, mas também como empresário e empreendedor, e essa chispa não se apagaria ali. Afinal, toda a experiência acumulada poderia ser matéria-prima para uma nova construção.

Antes, porém, era necessário encerrar o ciclo. A solução que encontramos foi vender o Barê. Começamos oferecendo o ponto a um conhecido grupo de empresários do ramo, que já investiam na área e queriam expandir. Eles toparam.

E mais: não só "abraçaram a dívida", como também se lançaram à tarefa de fazer o recém-estruturado restaurante prosperar. Lembram do Luiz Melo, meu sócio e parceiro na área administrativa? Pois nos ofereceram uma ótima condição: queriam que Luiz e eu seguíssemos com eles na equipe, tocando o negócio em conjunto. E sendo pagos para isso.

Com nossos salários acordados, iniciamos essa nova etapa de mãos dadas com a Tartuferia San Paolo, que veio a se tornar uma importante referência na minha vida.

Mônica e Carlos Claro, que haviam recém adquirido o nosso bar e restaurante, convidaram Luiz para gerenciar outro estabelecimento do grupo, enquanto eu seguiria com eles no "antigo Barê" — que, na mudança, fora convertido no Tartuferia Giapponese, um misto de culinária italiana com japonesa.

Além do meu trabalho administrativo, também disponibilizei as parcerias com as marcas com as quais eu já trabalhava e havia construído um bom relacionamento. Dessa forma, além do salário combinado, eu ainda recebia 10% de todos os patrocínios que conseguisse para a casa.

Dá para sentir o alívio?

Se você está se perguntando o que seria da minha trajetória como empreendedor, saiba que eu não havia desistido. Mas, naquele momento, não havia recursos, internos ou externos, para dar um passo além do que se apresentava.

Eu ainda não podia imaginar o que a vida me traria... mas, naquele momento, ao menos, a sensação de naufrágio havia terminado. E nosso sustento estaria garantido.

Depois de tanta turbulência, era só o que necessitávamos viver.

É possível ter garantias de uma vida longa?

Essa reflexão passou a ocupar meus pensamentos.

Se, no nosso universo familiar, ansiávamos por isso com todas as nossas forças, esse mesmo anseio passou a ocupar o campo profissional. Ainda mais depois da inevitável entrega do Barê. Dali para a frente, no que valeria a pena investir?

Há ramos do universo gastronômico que duram anos, décadas, com um público cativo e ostentando placas com os dizeres: "Desde 1900 e alguma coisa". Essas plaquinhas são como uma prova de todas as superações enfrentadas. "AINDA ESTAMOS AQUI!", elas gritam, orgulhosas. Em um mundo cada vez mais volátil, é praticamente um trabalho de Hércules sustentar uma etiqueta assim.

Evidentemente, há sempre muito trabalho envolvido para se manter a excelência: o time de profissionais, bem treinado; a qualidade dos pratos e ingredientes; a seriedade no serviço. Mas ramos que têm seu valor fundamentado na tradição não precisam, de maneira alguma, ter como preocupação uma renovação total a cada ano — ou semestre — para manter seu público "entretido". Ao contrário, vivem justamente da manutenção "do que sempre foi". Alguns são praticamente um portal para outro tempo.

Sabe aquele restaurante no qual você leva seu filho para comer *aquela macarronada* que, um dia, naquela mesma idade, experimentou com o seu pai? Ou aquele boteco que guarda, entre os vincos das arredondadas mesas de madeira, tantas histórias de prantos e risos? Já sentiram aquele conforto em saber que os espaços sagrados da memória, muitos deles divididos à mesa, ainda podem ser revividos no presente? Eis a experiência do perene, manifesta no ramo gastronômico.

É claro: ainda assim, tudo guarda seu ciclo. Em algum momento, esses estabelecimentos também terão o seu fim. Porém, poder contar com, pelo menos, uma década entre um abrir e fechar de portas me trazia uma tranquilidade importante.

Até porque, na minha vida pessoal, tudo estava em movimento. Intenso movimento.

Mas... por mais que as crises sejam avassaladoras de planos, elas também abrem portas antes inimagináveis.

Para onde aponta o fluxo das águas?

Enquanto eu carregava comigo essas reflexões, Thais também buscava os sinais que poderiam lhe dar alguma pista: para onde seu futuro a conduziria?

Era importante falar sobre isso, até como uma maneira de lembrar que aquela rotina angustiante teria fim. Por mais que tivesse sido uma opção largar seu trabalho, muitas vezes, no dia a dia, ela era tomada por um certo arrependimento, ou desespero.

Se o medo de "perder o bonde" já acomete quem está inserido no mercado de trabalho, imagine para alguém que se retirou dele? Muitas vezes, as "vozes na cabeça" protestavam, gritando, a plenos pulmões, que aquela decisão havia sido um suicídio social.

Por mais difícil que tenha sido — não vou mentir, foi um período beeeeem complicado pra gente —, eu sempre a lembrava do nosso plano: no ano seguinte àquele retiro forçado, quando Theo retornasse à escola, ela retomaria a sua carreira de onde parou. E eu, evidentemente, sempre a apoiei nesse plano.

Contudo, passado um tempo de afastamento do cotidiano frenético da publicidade, Thais começou a repensar sua trajetória. Aquela recomendação do seu pai passou a ecoar em seus ouvidos. Mesmo sem saber que novo empreendimento (familiar ou não) seria construído por nós, ela passou a ter, cada vez mais, a sensação de que seu futuro talvez não fosse ser empregada de uma agência, por mais alto que fosse seu cargo, ou salário. Porém, como aquela seria uma decisão a ser tomada somente no ano seguinte, tais pensamentos apenas permeavam os seus dias, enquanto os cuidados com a saúde de Theo tomavam praticamente toda a rotina.

Contudo, mesmo dentro desse aparente "marasmo", é interessante pensar na vida como uma grande aventura, cujo mapa vai se mostrando quando nos abrimos para ele.

Durante esse tempo de reflexão, Thais se lembrou de um lugar que havia conhecido alguns anos antes, quando ainda éramos namorados e adorávamos tomar café da manhã em algumas padarias em Moema. Ali, sentada à mesa, curtindo um desses momentos, ela reparou em um "lugarzinho misterioso" do outro lado da rua, onde entravam e saíam pessoas. Aquele canto emanava um poder de atração tão grande sobre ela que foi irresistível ir até lá para descobrir do que se tratava.

Ao entrar, deparou-se com um ateliê de uma importante ceramista: Hideko Homna.

Thais era aquela criança que vivia agarrada em um monte de massinhas de modelar. O trabalho manual a acompanha desde cedo e é, para ela, um imenso prazer.

Ao adentrar no ateliê de Hideko, ela ficou deslumbrada. Mas... até aquele fatídico 2018, a memória do seu primeiro encontro com ele havia ficado retida como parte de uma manhã feliz, não como uma possibilidade de futuro.

Retida, mas muito viva. Tanto que se desprendeu no fluxo do tempo, chegando até aquele presente momento. Quando lançamos determinadas perguntas à vida, especialmente essas que dizem respeito ao que fazer ou ao sentido das coisas, algo dentro de nós já começa a trabalhar. E vai rastreando, na nossa história, aqueles momentos em que, sem saber o motivo, nos sentimos simplesmente feliz.

A imagem do ateliê de cerâmica foi exatamente a que se apresentou para Thais naquele momento. E, mesmo que ela ainda estivesse longe de acreditar que aquele poderia ser um caminho profissional, foi o suficiente para que ela marcasse uma nova visita ao espaço, nem que fosse para se inscrever em um curso. Ao chegar lá, sentiu que a orquestra dissonante que constantemente ocupava seus pensamentos foi substituída, ao menos momentaneamente, pela suave melodia de uma fonte. Uma fonte de água, que fluía no interior do espaço. Repleta de plena harmonia.

**Seu corpo encheu-se de paz.
E ela fez sua inscrição.**

— A fila de espera é longa — alertou a recepcionista. — Talvez demore um ano.

Mas não havia pressa. Pelo menos, não ali. Apenas uma reconfortante calma. E a canção do destino.

É engraçado usar essa palavra: destino.

Há quem pense que tudo já está planejado (pelo menos, em linhas gerais), há quem creia que o futuro se desenha ao caminhar. De qualquer maneira, às vezes, esse fio se mostra aparente. Fio, ou rio. O que flui.

Fluir ou não depende só do que *acontece*, mas da expectativa que temos sobre o que *deveria acontecer*. Porque há coisas que metemos na cabeça que vamos fazer, mas que não avançam. E, por mais que eu seja um ferrenho defensor de um pensamento focado no que eu quero que aconteça (não vou nem dizer "positivo", para não confundir com o atual conceito de "positividade tóxica"), aprendi o quanto é necessário ter flexibilidade e desapego para entender o momento em que a vida pede mudança.

Parecem quase opostas estas duas atitudes: firmar-se em um resultado e desapegar-se dele. Quando é o momento de uma coisa ou de outra? Qual é a diferença entre a firmeza e o apego (ou teimosia)?

Realizar uma mudança de rota é adaptação, sabedoria ou um desvio?

Nem sempre temos respostas para essas perguntas. E muito menos tempo para refletir sobre elas no olho do furacão. Por isso, é importante entender os sinais — e alguns deles são bastante sutis. Como um barulhinho de fonte. Outros, um pouco menos, como um rombo na conta. De qualquer maneira, a decisão passa pelo coração.

Foi o que sentimos quando Thais deixou seu emprego. E também quando vendemos o Barê, quando percebemos que seu tempo havia acabado. Mas essas decisões, por mais acertadas que sejam, não fecham as portas para as dúvidas que voltam. São muitas as vozes na nossa cabeça que atormentam, questionam, nos fazem questionar, falseando a memória da decisão que parecia tão acertada.

**Nesses momentos,
eu foco.
Foco no que tem que
ser feito. E faço.**

Para Thais, a coisa funciona de forma diferente. O ano de 2018 foi muito difícil para ela, não só pela constante presença da bronquiolite (e tudo o que significava cada vez que Theo entrava em crise), mas também em relação ao seu futuro, sua realização.

Um rio caminha para a frente. Mas, às vezes, parece parado. Ou pior, estagnado. Quais são os indicadores de que estamos andando para a frente, progredindo? Em geral, os tais "marcos" se resumem a dinheiro, sucesso profissional, relacionamentos saudáveis e felizes, realizações ostentáveis.

As amigas de Thais estavam prosperando no mundo da publicidade. Algumas já caminhavam para cargos de diretoria. Outras, estavam abrindo suas próprias agências.

Da minha parte, por mais que tivesse plena convicção de que algo novo surgiria no horizonte, naquele momento eu havia deixado de ser um empresário para me tornar um prestador de serviços. Não que isso fosse um problema, porque era algo que eu gostava de fazer, mas não foi exatamente uma escolha; foi o que fluiu. E, graças a Deus, estava cobrindo nossas contas.

Além do trabalho com a Tartuferia San Paolo, também fui solicitado a prestar uma consultoria para o "Ladies and Gentleman Bistrô Lounge Bar" (L.A.G), um bar que seria inaugurado em novembro de 2018, inspirado nas casas de jazz e blues dos anos 1920, de Nova York. Minha expertise com o Barê e todos os eventos que realizamos também havia aberto essa porta.

Sempre gostei de trabalhar como consultor, e penso que é um excelente complemento à minha atividade como chef e empresário. Naquele momento da vida em que nada parecia muito sólido, foi fundamental contarmos com mais essa fonte.

Tudo isso era muito gratificante e soava como um sinal para que eu permanecesse naquele caminho. Evidentemente, eu poderia "ler" esses mesmos sinais como "um fracasso" ou retrocesso, mas não era o que eu sentia. Isso seria, inclusive, desonroso com todo meu caminho trilhado.

Ainda que em terreno instável, eu já havia acumulado muito trabalho e conhecimento, e tinha certeza absoluta de que nada disso havia sido em vão. E mais: ainda sentia que meu destino estava, de certa forma, em minhas mãos.

Reorientando a direção

A correnteza seguia seu trabalho de nos instigar ao movimento: a partir daquele momento, não poderíamos mais resistir a algumas mudanças.

Se, por um lado, nossa nova rotina familiar passou a ser economicamente mais estável, ainda precisávamos ajustar alguns pontos cruciais. Por mais que eu dividisse as tarefas com Thais (o fato de ela estar em casa com Theo não significava, de modo algum, que teria que cuidar de tudo sozinha), meus horários eram muito diferentes do ritmo ideal para uma criança. Meu trabalho exigia que eu chegasse em casa bem tarde, por volta da meia-noite.

Não somente durante os tempos de internação, mas também no dia a dia de cuidados demandantes, para que Thais não ficasse sozinha, ela contava com o apoio de seus pais. Em momentos anteriores, já havíamos sentido esse efeito "pra lá e pra cá da ponte", vendo nosso precioso tempo escoar nas marginais do rio que corta a cidade. Agora, novamente, era o que acontecia.

Para onde nos levaria aquele fluxo?

O que mais precisava se flexibilizar, para que as águas diárias corressem com menos esforço? Uma nova mudança.

Dessa vez (era óbvio) teríamos que seguir para outra direção.

Era o Norte que nos chamava.

Para quem conhece esta metrópole, sabe que mudar de região significa praticamente mudar de cidade. Porque São Paulo é (ou são) muitas cidades em uma. Cada qual com seu "espírito".

Thais nasceu na Zona Norte e, logo que se decidiu pela carreira publicitária, passou a cruzar a cidade, com destino ao Centro-sul. Era onde estava a maioria das agências e escritórios na área de comunicação.

Ou seja, desde que começou a frequentar esse mundo, seu tempo nas marginais passou a ocupar espaço na sua rotina, fazendo com ela desejasse, assim que possível, se mudar para onde "tudo acontecia".

Da minha parte, desde que comecei minha vida em São Paulo, também era aquele meu lugar: uma área mais ou menos circunscrita entre a região dos Jardins (próxima à Avenida Paulista) e o fervo da Vila Olímpia ou Moema, onde começamos nossas vidas, tanto amorosa como profissional.

Mas, agora, tudo havia se transformado.

É impressionante como nossa perspectiva muda quando filhos entram em nossa vida. Ou, pelo menos, com a gente foi assim. Não apenas pelo fato de Theo necessitar de cuidados constantes, mas por ele ser uma criança.

A criança traz com ela o olhar do encanto. Voltamos a sentir a necessidade de coisas sutis, simples, como um canto de passarinho na nossa janela, ou um abraço de vó logo ali. Tanto eu quanto Thais sempre tivemos uma família afetuosa, então, esse era um valor que voltava a ocupar a primeira fila no rol de prioridades; da mesma forma que, alguns anos antes, estarmos próximos do trabalho, do fervo e da balada era o que guiava nossa pista de pouso.

Em tão pouco tempo — talvez um tempo turbinado pelas tantas provações de saúde —, entendemos que nossa prioridade, naquele momento, era estar perto. A família de Thais, antes o porto que ela havia deixado para trás em busca da sua aventura, agora era novamente um ímã para onde nosso sentir apontava. Além disso, em termos práticos, era também nossa única rede de apoio presencial, já que minha família era de Petrópolis e, por mais que sempre me ajudasse, não poderia fazer muito no dia a dia da nossa rotina.

Mas como fazer para que essa mudança não significasse um retrocesso (especialmente para Thais, que já enfrentava uma forte sensação de estagnação na carreira)?

A resposta não estava ali, naquele presente em que aquela decisão foi tomada. Apenas no futuro, que experimentaríamos algum tempo depois. No momento em que resolvemos nos mudar do nosso apartamento no Brooklin, foi quase uma rendição ao cansaço extremo, e um desejo de estarmos mais perto dos braços e abraços que tanto nos acolhiam.

Por mais difícil que fosse realizar mais uma mudança, novamente sentimos que aquela era a direção certa. Então, passamos a procurar uma nova casa para nossa família. E um novo morador para aquele ninho no Brooklin, que havia nos acolhido por dois anos, mas, assim como o Barê, necessitava de um adeus.

Muitas vezes, é difícil fazer uma escolha, mas, uma vez feita, ela faz o rio fluir. Foi exatamente isso que sentimos.

Logo que Thais e sua mãe começaram a procurar algumas opções, sentimos uma grande alegria e, se é que ainda havia alguma dúvida, elas se desanuviaram.

Pessoalmente, quando tive a oportunidade de conhecer melhor a atmosfera da Zona Norte, tive certeza daquela decisão. Eu já me sentia em casa, mesmo antes de encontrar nossa casa. Aquele "clima de interior", a vizinhança, os passarinhos. A gente se acostuma tanto a associar São Paulo a ruído intenso, modernidade e arranha-céus que, às vezes, esquecemos que essa cidade tão louca também deita suas raízes nas pacatas ruazinhas dos tantos bairros que a compõem. Ruazinhas, vizinhança, gente com rosto, nome próprio, comércio na esquina, cujo proprietário é morador antigo: as pequenas delicadezas. A cidade dentro da metrópole.

Paz. Foi o que senti ali.

Em pouco tempo, conseguimos encontrar um apartamento maravilhoso, nosso preferido, que cobria todas as nossas necessidades. Só que o valor era alto demais.

Maaaaas... nem tudo estava perdido. Nossa bússola apontava para lá – tinha que ser. Adoramos a planta, e aquele não era um momento de desistir. Fomos novamente até o local e descobrimos que ainda havia outra unidade à venda no mesmo prédio, direto pela construtora. Ou seja, pelo fato de estar mais "cru" (sem acabamentos), seu valor final era muito mais baixo. E ainda poderíamos deixá-lo com a nossa cara. Era o melhor dos mundos.

Como nosso apartamento no Brooklin estava em ótimo estado, não tivemos problemas em rapidamente encontrar um comprador, o que aconteceu em meados de novembro, a tempo de fechar o negócio.

Antes de nos mudarmos, teríamos que fazer uma reforma que, por menor que fosse, ainda tomaria um certo tempo. Como era muita coisa para administrar, negociamos que a entrega das chaves aconteceria somente no início do ano seguinte. Assim, teríamos mais tempo para coordenar tudo, tendo em vista que janeiro costuma ser um mês mais calmo, e poderíamos nos dedicar melhor à mudança.

Pelo menos, era o que pensávamos.

Chegando ao final de 2018, além da perspectiva de uma casa nova, também celebrávamos o fato de que, finalmente, a bronquiolite de Theo já mostrava sinais de estar arrefecendo.

De fato, como previra o Dr. Joaquim, passar todo aquele ano em resguardo fez muito bem a ele, e nós sentíamos que a vida poderia voltar a ser um pouco mais "normal". Tanto que, próximo ao início do verão, chegamos a ir com ele a uma piscina, algo impensável nos meses anteriores, porque o simples choque de temperatura já era suficiente para que seu pulmão se sobrecarregasse.

Tudo indicava que ele poderia voltar à escola em 2019, e que havíamos superado esse difícil momento das nossas vidas.

Por outro lado...

Ainda em dezembro, enquanto nos preparávamos para a mudança, fui presenteado com uma notícia: apesar de todo o empenho e recursos alocados, a Tartuferia Giapponese ainda não rendia conforme as expectativas e, a partir de janeiro, eles não poderiam mais contratar meus serviços. Como a consultoria com a L.A.G também já havia terminado, eu não contaria com absolutamente nenhum recurso em um futuro próximo. Pelo menos, relacionado ao trabalho.

Ou seja, as perspectivas para 2019 eram realmente novas. Nada seria como antes.

Theo aparentemente curado, mudança de casa, e um futuro aberto e desconhecido pela frente.

Tudoaomesmotempoagora, mais uma vez.

Mas, pelo menos, todos nós no mesmo barco.

Eis que chega 2019,
repleto de expectativas.

Muito a fazer e, mais ainda, a conquistar. Por mais que todos os anos dedicados ao empreendedorismo gastronômico tivessem me ensinado muito e rendido uma rede considerável, eu não poderia esperar que uma nova oferta viesse até mim espontaneamente. Portanto, uma vez iniciado o ano, o plano era, logo após nossa mudança, buscar novas oportunidades.

Mas...

No meio do caminho havia uma surpresa.

Ou, como contei lá no começo...

UMA QUEBRA.

No presente

Aqui estou.
De volta ao dia 11 de janeiro de 2019, quando começamos a nossa conversa.

Agora, ao mirar as paredes, não vejo mais nada. Somente flashes borrados das últimas horas, quando Theo passou mal e viemos, com ele, ao hospital. Este ambiente já tão familiar, por conta de tudo o que atravessamos.

Os procedimentos, os exames, a espera infinita. Os pais de Thais com a gente, e meu irmão Raphael sempre nos apoiando.

A especialista chegando com o diagnóstico.
Descubro, assombrado, que a sensação de familiaridade já não caberia mais aqui.

Os sintomas apontam a um outro universo, completamente novo.

"Bronquiolite, doutora?"
"Não."

A médica pediu para falar apenas comigo.

O frio na barriga, ou o soco no estômago.

— Pai, Theo está com a hemoglobina baixa, também as plaquetas, o estado dele é grave... Tudo indica que...

Não era mais bronquiolite. A palavra que ouvimos foi outra.

E as letras que a conformam mostraram seu estranho poder de queimar os ouvidos, logo que pronunciadas pelo médico:

LEUCEMIA.

SEGUNDO (PR)ATO

(Secondo Piatto)

QUANTO TEMPO DURA ESSA TRAVESSIA? O TEMPO DE UMA ACEITAÇÃO.

Leucemia.

Impossível, depois desse diagnóstico, que a vida não seja marcada por um antes e depois, com um abismo no meio.

O abismo é o espaço do rapto, o lugar para onde somos levados durante aqueles eternos minutos (ou horas, dias, meses) entre ouvir a palavra, resistir a ela com todas as forças, lutar contra todos os deuses do Olimpo até, finalmente, digerir, ainda que forçadamente, o inevitável prato que nos é dado; e, só então, sermos devolvidos ao tempo comum.

Quanto tempo dura essa travessia?
O tempo de uma aceitação.

"Sim, é isso mesmo que está acontecendo", procuramos nos dizer, às vezes em voz alta, até que a ficha caia.

Aceitar não é se conformar. Aceitar é compreender que nada poderia evitar o que quer que esteja acontecendo. Se esse fato tão indigesto marca o fim da vida como ela parecia ser, pode também significar um recomeço.

Mas... antes de seguir contando minha história, queria compartilhar com você uma frase: o primeiro ouvinte da nossa trajetória somos nós mesmos.

OUVIMOS DE QUEM?

Daquelas múltiplas vozes. Lembra? Já falei aqui sobre elas: as que ecoam dentro de nós. Sim, elas são plurais. Nem sempre dizem o mesmo. Algumas trazem informações maravilhosas; outras, nem tanto.

No dia a dia, não percebemos as nuances. Parece tudo uma coisa só, que classificamos como "a voz do pensamento". Contudo, nesses momentos de tempo suspenso, elas se convertem na tal orquestra dissonante; ou, pior, em um debate acalorado. Cada uma tentando tomar, para si, a verdadeira interpretação dos fatos que se apresentam.

As vozes do medo são as piores. Elas não só pintam a realidade com uma tinta única — a cor da tragédia — como também ressignificam todo o passado com aquele famoso "e se", rastreando cada momento de nossas vidas, em busca de culpados. No presente, pisoteiam quaisquer possibilidades de alento, pois se recusam a ver outra coisa senão o terrível.

"Por que justo comigo, que não merecia isso?", ela nos diz, como se alguém merecesse.

Por aí, nosso ânimo se consome mais e mais. Esse caminho, inevitavelmente, nos leva ao fundo do abismo, onde vivem a frustração, o desalento e o ressentimento. Parece horrendo, mas as vozes do medo têm um forte poder atrativo. Quando nos pegam de jeito, é como uma correnteza, difícil de escapar. Mas sempre começam com um sussurro, o preâmbulo de uma história mal contada.

Acreditar nessa voz é uma escolha. Mas não uma escolha racional, porque ela se ampara em algo mais profundo: nossa visão sobre a vida ou, em última instância, sobre a própria humanidade e o que chamamos de Deus.

Se a história que "roda" no nosso pano de fundo (como um programa de computador roda em looping) é a de que estamos, aqui, jogados à nossa própria sorte, ou contando apenas com nossos parcos recursos, o que fazer quando "a vida" nos tira todo o chão? Quando tudo em que podemos nos apoiar para dizer "olha só, está dando tudo certo!" nos escorre pelos dedos?

No meu caso, não era exatamente tudo, mas uma parcela considerável daquilo que eu considerava o meu "chão".

Leucemia é diagnóstico ou sentença de morte?

Outras vozes gritavam: "Perigo! Perigo! Perigo!". O botão do pânico, acionado, era como uma sirene.

Por isso eu digo: nessas horas, respondemos com o que já estava previamente configurado. Dentro. A fé não é algo que surge como prêmio por bom comportamento, ou porque seja algo bonito de se ostentar, ou tatuar. Ela é como uma construção, bastante concreta, feita, tijolo a tijolo, pela história que escolhemos contar a cada momento.

Pois bem, eu te falei das vozes do medo, que insistem em tomar o controle. Mas elas não são as únicas, tampouco as mais fortes. Para falar a verdade, são péssimas narradoras. Vendo com distanciamento, as histórias que elas nos apresentam são até bem toscas. Elas só "colam" porque trazem consigo tantos efeitos especiais, que acabam sequestrando nossa atenção. Como aquelas séries que maratonamos no piloto automático e, ao final, ficamos com a estranha sensação de ter perdido um tempo precioso.

Por isso, é sempre importante buscar outras narrativas. Se a maravilhosa Chimamanda Ngozi Adichie já nos falou sobre o perigo de uma história única em relação às narrativas externas, isso também vale para dentro. Para as interpretações dos fatos da nossa vida.

Há uma "história única" constantemente propagada (e propagandeada) que afirma termos direito a uma vida plenamente feliz. Portanto, qualquer sinal de infelicidade deveria ser combatido. Ou anestesiado. Aquele famoso impulso de "lutar ou fugir" que nos acomete diante de um inimigo.

Mas... e se esse inimigo for a própria vida?

Vamos fazer com ela o mesmo que uma célula cancerígena faz? Atacar o sistema, por nos percebermos tão apartados, que não conseguimos mais nos harmonizar com o todo da existência?

Isso é o que acontece quando compramos a história de que deveríamos ser poupados de todo e qualquer sofrimento. Se isso não acontece — e nunca acontecerá, porque, inevitavelmente, em diversos momentos da nossa caminhada, dificuldades inúmeras surgirão —, acreditar nessa mentira é o que mais vai nos atrapalhar.

O sofrimento não é fruto da situação em si, mas de nos sentirmos injustiçados ou abandonados por Deus cada vez que um desafio "que não deveria existir" nos surpreende.

Por mais difícil que seja não cair nessa lama, dependendo do impacto dos fatos que irrompem a porta da nossa casa, podemos ser empurrados para ela. É o que acontece na maioria dos casos, e aconteceu também com a gente. Então, não se trata de não cairmos no chão, mas de conseguirmos (uma vez capturados por essa desesperança, ou pela força da gravidade que a impotência, ironicamente, potencializa) nos apoiar em algo que nos sussurre, também aos ouvidos, outras verdades.

"Leucemia é diagnóstico, não uma sentença", a voz nos soprou.

Ler esse fato como tragédia anunciada era apenas uma das interpretações possíveis. Outra possibilidade — à qual nos agarramos com todas as forças — foi perceber que todo diagnóstico indica, com ele, um caminho de cura.

Falando assim até parece que é fácil

Não, não é.

Quando digo que acredito na força do meu pensamento, sei o quanto me custa sustentar, ao menos na minha visão, a realidade que eu gostaria de plasmar.

Tampouco acredito que basta "ver para acontecer". Se assim fosse, eu não teria fechado as portas do Barê, tampouco estaria ali, na sala de espera daquele hospital. Nem tudo o que acontece em nossas vidas foi desenhado por nós, obviamente. Quem desejaria passar por tal coisa?

Por outro lado, de nada ajuda se sentir uma vítima do destino. Por mais que seja compreensível (ou até inevitável) atravessar momentos de revolta, só conseguimos avançar quando respiramos fundo e buscamos, com coragem, o que podemos fazer.

Fazer.

Para mim, não se trata de crer, até ingenuamente, que um pensamento positivo possa mudar os fatos, mas ele pode me ajudar a evocar as vozes que contam a história do que pode ser feito com o que nos é servido à mesa.

As vítimas do destino não agem, apenas se ressentem e buscam revanche. E, se esse papel nunca me coube, nem nos palcos ou nas telas, não seria na minha própria vida que eu passaria a interpretá-lo.

Essa afirmação, para mim, foi determinante.

Se Deus, a sorte ou o destino haviam me colocado naquela situação, caberia a mim resolver. E isso significava dar respostas diretas e claras àqueles questionamentos que insistiam em me importunar.

— Por que comigo?
Não sei, mas talvez eu entenda depois.
— Por que justo agora, sem trabalho e no meio de uma mudança?
Há alguma "hora adequada" para se passar por isso?

Inverti o jogo.

Estar "desempregado", ou "descontratado", me soou como uma grande sorte. Porque, dessa forma, eu não precisei dividir aquele momento tão difícil com mais nada em minha vida, e poderia estar plenamente presente com a minha família.

Minha fé não está firmada em "nada de ruim irá acontecer comigo", e sim na certeza de que, aconteça o que acontecer, tudo tem uma saída.

Eu acredito que todo problema carrega com ele os recursos que irão resolvê-lo, mesmo que tenhamos que procurá-los por aí, ou forjá-los em nós. Em geral, é isso o que acontece.

Seja para conquistar ou reconhecer tais recursos, é necessário agir. O fazer gera movimento e se expressa pelas mãos, pelo que podemos transformar com nossas ações. Ele nos coloca no aqui-agora, e esse lugar nos resgata das narrativas do medo.

O presente do fazer é nos devolver o tempo presente, o único que temos para, de fato, transformar nossa realidade. Por isso, eu nunca desisto. Porque sinto e confio que, não importa o que aconteça, sempre haverá algo que possa ser feito. E, com isso, um lugar melhor aonde se possa chegar.

Por fim, afirmo: se tive forças para sustentar tudo o que eu disse aqui, não foi apenas por uma firmeza de pensamento. Foi devido a uma palavra: conexão.

A conexão se manifesta em muitos eixos. Um primeiro, vertical, traça um caminho que nos leva a um contato mais íntimo com a força divina, tenha ela o nome que tiver. Eu a chamo de Deus. Mais que um nome, o que para mim define essa Presença é a sensação de amparo, aquele abraço que sentimos ao acreditar, sinceramente, que não estamos sozinhos em nossa existência terrena, abandonados à nossa própria sorte. Esse eixo de conexão é o que me mantém em pé, literalmente.

Há também o eixo horizontal, o que traçamos quando damos as mãos a todas as pessoas que dividem com a gente o que chamamos de humanidade. É importante agradecer, reconhecer e registrar o imenso amparo da nossa teia de relações, tanto as que se conectaram conosco à distância, pelas redes sociais, quanto as que dividem conosco as dores e alegrias dessa experiência chamada vida: nossos vínculos; aquelas pessoas com as quais nos conectamos, de coração a coração.

Assim que transmitimos ao mundo a notícia que nos foi dada, uma imensa e preciosa rede de apoio se formou, tanto presencial como virtualmente.

Visitas, ajudas, cuidados, orações. O que recebemos de carinho e amparo é imensurável, e jamais poderá ser transposto em palavras. Ouso afirmar que, sem tantos braços estendidos, por mais que eu tivesse as palavras "fé" e "esperança" tatuadas no meu corpo, talvez não tivesse conseguido cruzar o abismo.

Há passos que só podem ser dados pelas nossas próprias pernas. Ninguém pode caminhar pela gente o percurso que nos é dado a viver. Mas o apoio recebido é o que nos ajuda a firmar, dia a dia, e seguir caminhando.

Assim era também com Theo, nosso imenso pequenino.

Três anos e três meses. Esse era o seu tempo de vida até ali, e já havia enfrentado tantos desafios... Agora, diante da realidade que se apresentava, ele se lançava a uma nova forja. A grande batalha contra a leucemia seria por nós testemunhada, mas a luta, literalmente falando, seria só dele. Dentro do seu próprio corpo, em todos os níveis do que esse "dentro" significa.

Tanto eu quanto Thais apenas poderíamos sustentar, dentro e fora de nós, tudo o que fosse possível para que ele vencesse.

Para Thais, os desafios "batiam" em outros lugares. Somos muito diferentes em relação ao impacto que tais notícias geram. Se elas me convocam a agir, no caso dela, ao menos em um primeiro momento, paralisam. E foi o que aconteceu quando, ao ver a expressão em meu rosto falando com a médica, mesmo sem ainda saber do que se tratava, já intuiu algo sério. E desmaiou.

A equipe de apoio psicológico do hospital veio conversar com a gente, especialmente com Thais, e disse o seguinte:

— Nunca mais queremos te ver no chão, porque seu filho vai ler seu coração, e você tem que ficar bem por ele.

Palavras duras, porém precisas.

O que pensamos não conseguir fazer por nós mesmos, conseguiríamos por amor a um filho? Só nos restaria tentar.

Nós estaríamos ao lado de Theo a cada segundo de sua travessia. Acreditar que isso era tudo o que poderíamos fazer não era só um antídoto para a sensação de impotência que eventualmente nos acometia, mas um importante esteio que passou a marcar nossa rotina naqueles difíceis dias. Profundos e longos dias.

O tempo de uma quarentena.

Esperança e fé

Eis os componentes do segundo prato, servido com gosto pelos acontecimentos da vida.

Mas... com que ingredientes ele é preparado? Onde se colhe?

Não, seus temperos não dão em árvore, são joias que colhemos em um árduo percurso. Enquanto tateamos no escuro, enquanto enfrentamos provações e incertezas.

Quero falar de esperança, mesmo que muito já tenha se dito sobre essa linda palavra. Do fundo da caixa de Pandora aos portais de Dante Alighieri, ela nos incita a atravessar o transitório tormento (ainda que ele tenda a se apresentar como eterno). É a brisa que sopra de tempos futuros, mesmo quando só o que nos mostra a face é o torpor do deserto.

Diferente da expectativa, que, às vezes, tem bases frágeis — sendo, muitas vezes, o antepasto da desilusão —, a esperança contempla todos os cenários, mas não se fixa no pior deles. Não por negá-lo, mas por saber que o pior cenário é tão ilusório quanto as esplêndidas fantasias compostas pela expectativa.

Por que ilusório? Porque é completamente mórbido. E, na vida, nada é completamente uma coisa só. Se paramos, mesmo, para viver o momento, sentir tudo o que o instante oferece, percebemos que, junto com uma notícia terrível, há sempre algo que a compense. Ainda que seja um abraço, nos lembrando que a bondade existe. "Ah, mas não se compara!" Nem é para se comparar. É apenas para ver.

Porque eram justamente aquelas "coisinhas boas" acontecendo no dia a dia que alimentavam nossa alma, para atravessarmos cada instante. Coisas que, sem a sensibilidade do momento, poderiam passar imperceptíveis. Não porque não sejam grandiosas, ou reais, mas por trazerem uma atmosfera sutil, delicada, que só conseguimos roçar quando a sensibilidade chega à flor da pele. São como gotas de bálsamo, pura medicina.

É curioso pensar na esperança não como uma emoção, mas como uma resultante de determinadas atitudes bastante práticas. Em 1991, o pesquisador Charles Richard Snyder e sua equipe do Laboratório da Esperança (Universidade do Kansas), após uma série de estudos, concluiu que ela surge quando temos objetivos relevantes e desafiadores, encontramos caminhos para alcançá-los e desenvolvemos iniciativa e perseverança para trilharmos o percurso, confiando nas nossas capacidades para a jornada.

Bonito *falar*, mas e *fazer*?

Para conseguir sustentar uma atitude como essa em um momento em que estávamos totalmente fragilizados, em que os piores cenários saltavam à nossa frente quase como gremlins, foi preciso jogar para o alto algumas crenças que nosso tempo carrega. A principal delas é que uma vida feliz e abençoada é livre de qualquer infortúnio.

Sabe aquela pergunta clássica: "por que coisas ruins acontecem com pessoas boas?". Nem vou entrar no mérito do que seriam "pessoas boas", mas coisas nos acontecem o tempo todo. Aceitar que a vida é assim mesmo nos libera para o próximo passo.

Se, ao contrário, ficamos nos sentindo injustiçados, procurando o balcão de reclamações para dizer: "Ei, vocês entregaram este pacote na casa errada!", não apenas continuaremos a nos sentir vítimas da vida, como não abriremos caminho para que a esperança possa se instalar, mesmo com todas as provações.

Aliás, esperança que se preze só aparece quando estamos enfrentando provações; senão, qual seria sua função?

Quem já passou por um desafio desta ordem é capaz de entender o que acontece com nossa visão do passado, presente e futuro. Aquelas coisinhas que frequentemente nos atormentam, aquelas pequenas dúvidas, comparações, ambições, tudo isso silencia. A vida se torna urgente, e só o que conspira para sua existência tem voz ativa dentro da gente. Pelo menos comigo e com a Thais foi assim.

O diagnóstico de leucemia LLA tipo B nos colocou na rota de uma disciplina. Um programa executado dia a dia, com procedimentos claros e indicadores. Isso nos ajudou muito.

Alguns desafios são imensos demais para encararmos no todo. Quanto tempo aquilo duraria? Teria cura? Pensando assim, o monstro era grande demais, e seria uma tarefa sobre-humana carregar essas perguntas todos os dias. O tratamento nos trouxe o foco das metas diárias, a clareza do que teria que ser feito "hoje", dos marcos a serem superados "agora", e isso tornava toda a situação mais administrável.

Theo, sentindo a nossa firmeza, comportou-se de uma maneira inacreditável, com extrema resiliência. Sua atitude nos aliviou e alimentou, e devolvíamos esse alívio na forma de atenção e carinho.

Ao longo desses dias, lemos tudo o que havia disponível sobre a doença, seus tipos, procedimentos, indicadores. Palavras como mielogramas, leucócitos, entre várias outras, passaram a ser íntimas do nosso vocabulário. Essa familiaridade ajudou a nos manter em estado de presença, não de fuga. Trouxe, por um lado, nossa consciência para as particularidades da doença e, por outro, nos fez confiar na equipe médica que nos atendia. Passo a passo. Dia a dia. Atendendo aos indicadores.

A cada meta superada, renovávamos um tantinho da nossa esperança.

A cada medo que vinha nos visitar, apertávamos com vontade as mãos das pessoas queridas. E foram tantas, tantas pessoas...

Em momentos de profundo desamparo, buscávamos a firmeza daquele eixo vertical, a comunicação com Deus. Saber que Ele está lá, pronto para ser encontrado. Mas que, em diversos instantes, quando nos faltam forças, Ele também nos busca.

O que também acontecia enquanto tudo isso acontecia?

Tudoaomesmotempo, lembra?

Porque nossa vida não congelou, apesar da quarentena.

A mudança de casa, de bairro, de região, tudo isso estava em pleno curso. Estávamos, temporariamente, morando na casa dos pais de Thais, enquanto também nos dedicávamos a outros afazeres além do tratamento de Theo. Em diversos momentos, Thais e eu alternamos entre as paredes do hospital e as paredes dos apartamentos. O novo, em reforma; o antigo, em despedida.

Thais, às vezes, dormia em nosso antigo lar, enquanto encaixotava nosso passado. Várias amigas se ofereceram para passar a noite e lhe fazer companhia, mas ela preferiu ficar sozinha. Se 2018, quando ainda lutávamos contra a bronquiolite, já havia sido um ano de tantas reflexões, naquele momento, tudo o que não fosse *vida* ficaria definitivamente para trás.

O desapego, às vezes tão difícil, pode ser facilitado justamente por momentos ainda mais difíceis, porque eles deixam muito clara a diferença entre o que é apenas teimosia e o que é propósito — ou até destino.

No meio de tantas provações, comentei com um conhecido, um dos sócios da Tartuferia, que Thais havia se inscrito no curso de Hideko Homna, e que estava aguardando ser chamada. Coincidência ou não (depende do que você acredita), ele a conhecia e conseguiu que Thais fosse aceita em um curso que começaria já naquele mês. E foi o que ela fez.

No meio de tamanha relativização dos valores, quando fica evidente o que é supérfluo, *fast food*, e o que nos nutre, esse chamado chegou para ela como um bálsamo. Tanto que, mesmo passando por tudo isso, não houve margem para que ela pensasse: "Ah, como vou poder, justo agora, me dedicar a um sonho?". Ao contrário, a única frase que ressoou aos seus ouvidos foi: "Justo agora, que você tanto precisa de alimento, ele veio até você".

— *Sim!!!* — ela disse.
Sim.
Porque não só de *nãos* se faz uma vida.

Ao longo daquela quarentena, recebemos uma boa notícia: Theo estava reagindo bem às medicações. Sua leucemia havia sido classificada como intermediária (entre os termos "leve", "intermediário" e "avançado"), e todos os marcos de cada etapa do tratamento estavam sendo ticados com sucesso.

Isso ainda não significava um fim. Mas, naquela perspectiva passo a passo, nos dava ânimo para prosseguir.

Ao final daqueles dias, em fevereiro, Theo recebeu alta. A partir daquele momento, teria início um novo tratamento, agora ambulatorial. Ou seja, ele faria visitas frequentes ao hospital, mas poderíamos, a partir dali, ficar em nossa casa. Quer dizer, na casa dos pais da Thais, porque o nosso apartamento ainda estava em reforma.

Mas... sendo nossa casa ou não, estávamos, enfim, fora do hospital.

Ora et labora

Essa é uma expressão beneditina que une dois conceitos: orar (confiar) e trabalhar. Entregar e fazer, depois entregar. Um looping da confiança no plano divino.

Quando é a hora de uma coisa, ou de outra?

Outra versão parecida é a Oração da Serenidade, bastante conhecida. Para quem não sabe, ela é um pedido a Deus para que possamos aceitar as coisas que não podemos modificar, coragem para mudar as possíveis e sabedoria para distinguir umas das outras. Parece simples, mas não é. Especialmente a parte da sabedoria.

Era evidente que estávamos todos batalhando arduamente contra a leucemia, mas não havia como lutar contra o fato de ela ter surgido em nossas vidas. Quer dizer, até poderíamos, mas isso só geraria mais sofrimento. Aceitar o inevitável, por mais indigesto que fosse, era a única forma de caminharmos para frente, porque o próximo passo, a partir do diagnóstico, só poderia ser dado após superarmos a negação do que "não poderia ser modificado".

O que poderíamos, sim, mudar era nossa atitude. Confiar que, se era inevitável passar por tudo aquilo, ali havia um caminho. Não só de doença, mas de aprendizado.

As graças foram muitas. Além do apoio recebido por amigos e familiares, Theo fora muito bem tratado no hospital, e nos sentíamos seguros com a equipe. Tudo isso foi essencial para alimentar, ao longo daqueles quarenta dias de internação, a nossa resiliência. E ele sentiu isso.

**A médica estava certa,
nosso filho lia o nosso coração.**

Mas... e o "labora"?

Como se fosse pouco sustentar o ânimo, ainda tivemos outro grande desafio para enfrentar: uma "surpresinha" do nosso plano de saúde, que, a partir do momento em que saímos do hospital, negou-se a cobrir o tratamento ambulatorial.

Eis uma situação que não só *poderíamos* mudar, mas *teríamos* que mudar.

Por mais que seja tentador utilizar as próximas páginas deste relato denunciando todos os desmandos covardes que as "seguradoras de saúde" nos impõem, justamente em momentos de grande fragilidade, não farei isso. Por um simples motivo: foco. Este livro não é sobre isso. E também porque, infelizmente, esse tipo de abuso acontece com tanta frequência que acredito que todos aqui já tenham vivido, em algum momento, uma história semelhante.

O que fazer?

Para que conseguíssemos seguir em frente com a mesma equipe médica, tivemos que entrar com uma ação no Tribunal de Pequenas Causas. A juíza, felizmente, após quatro dias, concedeu-nos uma liminar que garantiu que o tratamento fosse feito no sistema ambulatorial.

Enquanto o organismo de Theo batalhava contra seus males internos, nós combatíamos nossas outras guerras. Se uma era inevitável, a outra não deveria ser. Não em um mundo feito para todas as pessoas, com equanimidade. O mundo no qual eu e Thais acreditamos, e fazemos acontecer. É um árduo laboro colocar-se frente a frente com organizações que se julgam invencíveis; mas, quando eu sei que algo pode ser feito por mim, não largo o osso.

Ao dizer *sim* à parte que nos toca fazer, é impressionante como chamamos forças aliadas. Nesse confronto, tivemos a alegria (e o privilégio) de sermos assessorados por uma advogada, minha prima Graziele Libonatti, cujo apoio foi fundamental para conquistarmos essa primeira vitória.

Digo primeira porque, infelizmente, seria só uma questão de tempo para que novos desafios dessa ordem retornassem... Ou vocês pensam que eles deixariam o front assim, tão facilmente?

Mas, como eu disse antes, a esperança vive das pequenas maravilhas do presente. Então, naquele momento, nos permitimos respirar. E brindar.

Nem só de lutas vive um laboro. Ele também se sustenta no compartilhamento e no apoio mútuo. Passar tanto tempo no setor oncológico de um hospital também nos coloca frente a frente com outras dores. Eram muitas as crianças ali. Com elas, suas famílias.

Impossível descrever o vínculo que é tecido nas tantas trocas de olhares, quando sabemos exatamente o que a outra pessoa experimenta. Ali, testemunhamos a bondade humana, a troca, a solidariedade. E, por mais que a porcentagem de cura da leucemia em crianças seja alta (em torno de 80%), nem sempre era o que acontecia. Algumas crianças padeciam com a medicação, ficavam inflamadas, e não era fácil atravessar tamanho sofrimento.

Por isso, buscávamos contrabalancear as notícias ruins com alguns pequenos alentos. Por exemplo, a descoberta de um spray que facilitava a remoção de curativos, dica de uma mãe que já havia passado pela mesma dificuldade. Um detalhe, mas que garantia um pequeno conforto diário às crianças; às vezes, o suficiente para trazer à tona sorrisos.

Sempre que descobríamos algo, espalhávamos por aí. Não apenas entre as pessoas no interior do hospital, mas também nas nossas redes sociais. Eu já contava com um número considerável de seguidores no Instagram; então, resolvi compartilhar não apenas nosso dia a dia, mas também descobertas e informações importantes. Isso criou uma grande rede, e passamos a receber notícias animadoras de pessoas que haviam se curado, de outras famílias passando pela mesma situação, e essa troca era muito nutritiva.

Mais adiante, também usamos as redes sociais para difundir campanhas.

Só quem vive essa realidade sabe o quanto vale uma mão estendida, uma doação de sangue ou de medula.

Isso sem falar das medicações. Nem todas estão disponíveis pelo SUS, e não estou falando de nada supérfluo. São medicamentos necessários, essenciais. Pela falta deles, muitas pessoas sucumbem.

Perceber o que havia de coletivo na nossa luta individual, e trabalhar para que todos pudessem ter mais recursos nos animava. Há quem questione como, com tudo aquilo acontecendo, ainda encontrávamos tempo para tanto. Eu afirmo: é quando nos damos ao todo que sentimos a força que vem do conjunto. Não só aquela que recebemos, mas a que podemos doar.

Ao contrário do que nos fazem acreditar, quando ficamos apenas encapsulados em nossos problemas, por maiores que sejam, eles se tornam insuportáveis. É claro que o que te cabe viver você viverá. É impossível carregar o fardo do outro (ou que alguém carregue o seu). Mas, juntos, todos se tornam, se não mais leves, pelo menos mais livres de sofrimento. Porque parte do sofrimento não vem apenas da doença, mas da solidão.

Estar junto e em compaixão é, em si, uma doação.

A generosidade não só nos fortalece, ela amplia nossa perspectiva.

E um futuro aberto é essencial para alimentar a esperança.

Firmando o novo Norte

Em fevereiro, com nossa reforma do apartamento chegando ao fim, boas novas chegaram. Houve um remanejamento no quadro de sócios da Tartuferia San Paolo, o que ocasionou muitas mudanças para a empresa. Nesse ínterim, estavam precisando de alguém para auxiliar na reestruturação e administrar todas as cozinhas da rede, como Chef Executivo.

Se comecei o ano sem nada à vista, agora a vida me apresentava aquela oportunidade. Fui convidado para um novo emprego, que aceitei de muito bom grado. Aquela seria uma ótima chance de seguir trabalhando na minha carreira, aplicando meus conhecimentos gastronômicos e administrativos, mas sem precisar me equilibrar na corda bamba do empreendedorismo.

Pelo menos naquele momento.

É sempre um alívio quando o chão volta a ficar um pouco mais firme sob nossos pés.

Em abril de 2019, finalmente, nos mudamos.

Eu já tinha começado meu trabalho na Tartuferia, que me rendeu boas e novas experiências organizativas. Thais, evidentemente, adiou mais uma vez seus planos para retornar ao trabalho na agência, pois Theo, apesar de já estar em casa, ainda passou por muitas internações ao longo daquele semestre.

Meu alívio foi vê-la se deliciando com as aulas da Hideko. Era mais que uma terapia ou um hobby. O curso foi se desenhando, pouco a pouco, como um caminho. Suas mãos, moldando as peças, levavam-na para um espaço quase sagrado, íntimo, que a abastecia de sentido. E renovava suas forças.

Naquele momento, fizemos planos de aumentar nossa família. Por mais que os últimos meses tivessem sido devastadores, nossa vontade de estarmos juntos era ainda maior, com mais gente ao nosso lado. Como Thais já havia aberto mão de trabalhar, por um tempo, para se dedicar a Theo, pensamos ser melhor não demorar muito para "chamar para a Terra" a próxima alminha que faria parte do nosso círculo familiar. Assim, Thais parou de tomar os anticoncepcionais, preparando o terreno para quem quisesse chegar.

O que faz renovar nossa fé?

Tudo parecia estar indo muito bem, mas... fortes emoções ainda nos aguardavam.

Lá pelo meio do ano, quando pensávamos que as coisas estavam mais ajustadas (ou, ao menos, rotineiras), uma nova situação se apresentou: Theo teve uma recaída. Uma febre alta e incessante fez com que ele voltasse a ser internado.

O chão novamente tremeu sob
nossos pés.
Dia após dia, a febre não arrefecia.

Novamente, vimos nosso filho
em risco de vida. Emagrecendo,
definhando, sem conseguir andar.

Os nossos "pilares da esperança" — o tratamento e seus indicadores — não aparentavam mais estar tão firmes. A dúvida abriu lugar nas horas dos dias.

"O que está acontecendo?", eis a pergunta que, enquanto não encontra resposta, dá brecha a todos os medos.

Mesmo que não entendêsssemos qual era o problema, eu tentava manter viva a minha visão de que tudo se resolveria bem. Para Thais, era mais difícil ter essa atitude; nessas situações, suas emoções ultrapassavam sua capacidade de firmar uma boa perspectiva, e ela é tomada pelos seus medos. Eu procurava ser o ponto de apoio, para que, sentindo a firmeza no meu olhar, ela pudesse minimamente se acolher. Mas como sustentar esse esteio?

Enquanto a incerteza nos corroía e a minha esperança buscava novos pilares, entendi que minha outra tatuagem teria que fazer seu trabalho — a fé.

Não vou entrar nas inúmeras definições que essa palavra tão pequena tem, mas vou dizer o que ela significa para mim: um sentimento de conexão com o Divino.

Há momentos em que nosso único ponto de apoio é esse. Porque, no campo do visível, nada parece seguro.

A fé é aquele eixo que se torna extremamente necessário quando tudo parece desmoronar. Inclusive o nosso próprio esqueleto. É aquela luz que brilha quando todas as luzes se apagam. É uma necessidade urgente; que, às vezes, pode brotar da devoção; mas, muitas outras vezes, nasce do completo desespero.

Quarenta dias na UTI.
Uma nova quarentena.
De quantas provações
se faz uma cura, meu Deus?

Em um desses dias de espera, li nos olhos de Thais seu desespero. Em seguida, ela o verbalizou: "E se...".

Doeu. Não porque eu fosse cego àquela possibilidade, mas ela não era a única. Era apenas a pior delas, mas que se apresentava, naquele momento, como versão absoluta do nosso futuro. Reagi àquela dúvida como quem protege um templo sagrado:

— Nunca mais fale uma coisa dessas! — foi o que eu rebati.

Não para silenciá-la, porque era perfeitamente compreensível que alguém, naquela situação, expressasse sua angústia. Minha réplica foi quase como uma proteção. Inclusive para ela mesma.

De alguma maneira, eu sabia que o que eu havia escutado não era a sua voz, mas a fala do medo. Aquela que nos toma de assalto e instala sobre os olhos um filtro de morbidez. Aquela que nos rouba toda a esperança e que não abre espaço para que a fé se estabeleça.

Thais não se sentiu reprimida ou repreendida, até porque não era essa a minha intenção. Ao contrário, repousou na minha fala, que a trouxe de volta ao seu centro. Nem sempre é fácil sustentar esse lugar. Muitas vezes, admito, ele não era tão seguro nem para mim e, por vezes, eu chegava a disfarçar meu próprio medo, porque sabia o quanto era importante ser o porto seguro dela, para que ela não fosse novamente raptada pela visão trágica de futuro.

Em outros momentos, era ela quem me trazia essa segurança. Eu sabia que nada, nada mesmo, passaria despercebido aos olhos de Thais. A conexão dela com nossos filhos é imensa, e a mesma "antena" que pode gerar ansiedade (quando o "sinal" recebe o ruído captado pelo medo) também sopra fortes intuições ao pé do seu ouvido. Eu sempre me senti seguro em sair, trabalhar, ou até viajar, mesmo quando era necessário fazer isso nos momentos mais difíceis, confiando na sua capacidade de perceber o que era necessário, e cuidar.

<u>Apoiados um no outro, conseguimos construir um campo de fortaleza</u>, mesmo nos momentos mais arenosos. Se, por um lado, o futuro se apresentava sempre como incerto, também não estava já determinado. Ao acreditar nisso, abrimos nossa vida aos milagres. Firmar o terreno para que isso acontecesse foi como encontrar o mapa de volta para o eixo, aquele que reestabelece a conexão com algo maior.

Só assim nos sentimos seguros, o que quer que aconteça.

Dia após dia, nada da febre baixar.

Por mais que confiássemos na equipe médica — que estava fazendo seu melhor —, sentimos que também cabia a nós abrir mais possibilidades para que uma solução surgisse. Então sentimos, mais uma vez, que era o momento de procurar algum socorro espiritual.

Fui até um centro espírita indicado por um amigo. Ao chegar, fui atendido por uma equipe e, ao final de um determinado trabalho que fizeram comigo, recebi dois frascos de água benzida com as seguintes recomendações: deveríamos passar um pouco daquela água na sola do pé de Theo, e o outro recipiente deveria ser enviado ao meu pai, para que ele bebesse.

Assim foi feito. Meu irmão Raphael e sua esposa, padrinhos de Theo, foram até Petrópolis levar a água até ele. Fizemos tudo conforme recomendado e, dois dias depois, a febre havia desaparecido.

Theo teve alta do hospital e, aos poucos, voltou a comer e engordar.

Mais um deserto atravessado. Mais uma vez, na nossa história, fomos libertos por uma água coberta de bênçãos. E elas se estenderam além da melhora de Theo. Pouco tempo depois de termos atravessado aquela segunda quarentena, tivemos uma notícia maravilhosa: Thais estava grávida.

Apesar de tudo, a fonte da vida fluía.

Forças adversas e forças aliadas

Aos poucos, fomos entendendo como o corpo de Theo reagia. Sua febre interminável (só depois descobrimos) havia sido provocada pelos medicamentos. Depois daquele período, graças a Deus, não tivemos mais tantos sobressaltos. O tratamento ainda era intensivo, mas tudo voltou a caminhar segundo os indicadores da cura.

Nosso novo lar já estava configurado e já nos sentíamos íntimos da Zona Norte. Eu poderia até dizer que, dentro do quadro, estávamos em um bom momento, ainda que outros desafios surgissem, em outros campos da vida.

Um deles era nossa particular batalha na grande guerra dos planos de saúde. Ainda que houvéssemos conseguido a liminar para que Theo continuasse seu tratamento ambulatorial e tivéssemos vencido na primeira audiência, a Amil recorreu à segunda instância. Inesperadamente, dessa vez, o plano de saúde venceu.

Digo "inesperadamente" não por ingenuidade, porque sei muito bem o que faz "a força da grana que ergue e destrói coisas belas", como poetizou Caetano. Contudo, nem os advogados acreditaram que, na situação em que estávamos, isso poderia acontecer.

O que isso significava? Provavelmente, uma cifra gigantesca à frente, que, obviamente, não teríamos como pagar.

Botão de pânico mais uma vez acionado.

Dessa vez, pelo menos, o campo de batalha não era o pequeno corpo de Theo, mas o grande corpo da sociedade e a covardia do "livre comércio" que ousamos, lá atrás, no passado da história humana, acreditar que poderia ser justo.

Recapitulando: quando Theo teve sua primeira internação, ficou quarenta dias internado no Hospital Santa Catarina. Ao sair, teria que continuar seu tratamento no sistema ambulatorial, e foi justamente esse o problema: o convênio não permitiria que ele seguisse no mesmo hospital e com a mesma equipe. Por isso, decidimos entrar com uma ação, e conseguimos a liminar.

Porém, desde então, já sabíamos que esse era um risco. Caso perdêssemos, mais adiante, o convênio nos cobraria todo o tratamento que havia sido previamente negado (e que teve continuidade por força da liminar). Na época, optamos pelo que seria melhor para Theo, e decidimos correr o risco.

Pois bem, o risco, agora, batia à nossa porta.

O problema era que não tínhamos a menor condição de arcar com a conta hospitalar que imaginávamos que seria cobrada. Mesmo sem saber o valor, já intuíamos que não seria pouco. E, sem ter de onde tirar, isso seria um imenso problema.

Não que a gente se arrependesse. Ao contrário, faríamos tudo de novo, exatamente do mesmo jeito. Como última hipótese, passaríamos a vida inteira com essa dívida, nome sujo, o que fosse. O que poderiam nos tirar? Nosso apartamento? O que são bens materiais, se comparados à saúde do nosso filho?

Ainda assim, para quem acabara de viver um período tão estressante, passar por isso, logo na sequência, era como uma forja. Dessas que fazem espadas. Fogo, água, fogo, água, sem descanso. E com uma notícia de gravidez no meio — o que era, em si, uma imensa alegria, mas que também pedia novas conversas. Por exemplo, falar para a Dra. Vera Delascio, que há anos era a médica da Thais, que não teríamos a menor condição de continuarmos com ela, ao menos daquela vez.

Não tínhamos a menor ideia de quanto o convênio iria nos "sangrar". Com Thais sem trabalhar, a situação já estava demasiadamente apertada, isso sem contar a conta da farmácia, porque o tratamento de Theo demandava muitos medicamentos. Porém, quando expusemos a situação para ela, nos deparamos com o maior acolhimento que poderíamos ter. Ela fez questão de acompanhar o parto de Eva, e sem cobrar nada por isso.

E mais: conseguiu, de um laboratório que coleta e armazena células-tronco, que guardassem, também sem custo nenhum, o cordão umbilical de Eva. Não queríamos nem pensar na possibilidade de um transplante de medula, mas não poderíamos nos dar ao luxo de não pensar. Se ela fosse uma doadora compatível, o armazenamento do cordão umbilical já adiantaria muito as coisas.

No meio de uma guerra contra o câncer, contra o convênio, contra nosso desespero, ter um colo como esse foi um alento. A Dra. Vera não é apenas uma excelente médica, mas um ser humano maravilhoso. E muito espiritualizada. Perdemos a conta de quantas vezes ela nos animou com histórias de "milagres" por ela vivenciados, casos e casos em que nem a ciência explicaria fatos em que vidas foram salvas. "Há algo maior", ela sempre dizia, baseada não apenas na sua fé, mas nos seus muitos testemunhos.

Sua acolhida, naquele momento, foi como um sopro de ar para quem está no mar em plena tempestade, sendo coberto por uma onda atrás da outra. Aquela conversa maravilhosa nos deu forças para seguir enfrentando nossos combates. Se estávamos, mais uma vez, em um campo minado de tantas incertezas, ao menos já sabíamos que, quando fosse o momento de Eva chegar, ela seria recebida por ótimas mãos.

Acertando as contas com a Justiça

Quando, finalmente, a "conta" do convênio chegou, foi quase um novo milagre: sete mil reais. Não que fosse pouco; mas, para quem estava esperando um número com muito mais dígitos, soou como música aos nossos ouvidos.

Não que tenham se equivocado. Meu irmão, que já havia dirigido um hospital, me explicou a possível "conta": de qualquer forma, a Amil teria que pagar pelo tratamento no hospital conveniado, então, provavelmente, o valor que estavam nos cobrando era apenas a diferença, somada a possíveis taxas jurídicas. Seja como for, nosso advogado nos recomendou que concordássemos na hora, e ainda conseguimos dividir em dez vezes.

Outra sorte foi termos conseguido manter alguns exames já agendados: dois mielogramas (exames da medula), marcados para setembro e outubro, e a última quimioterapia. Todos eles demandavam anestesia geral. Meu medo era que, no meio do processo, eles cancelassem os pedidos, mas isso não aconteceu. No meio de todo aquele rolo, conseguimos seguir o tratamento de Theo até o fim.

Mesmo assim, depois de tudo o que passamos, não daria para seguir com o mesmo plano de saúde. Mas, para trocar de empresa, teríamos que conseguir um plano que disponibilizasse tratamentos em dois hospitais: o Santa Catarina, onde estávamos até então, e o Samaritano.

Por que o Samaritano?

Porque lá estava a maior especialista em transplante de medula óssea em pediatria: a Dra. Adriana Seber.

Quem nos falou da Dra. Adriana foi a médica que estava nos atendendo no Hospital Santa Catarina, a

Dra. Luciana Domingues. Na ocasião em que estávamos às voltas com a troca do convênio, precisávamos saber a quais especialistas recorrer em alguma emergência futura, para que esse fosse justamente o critério de escolha do próximo plano.

Evidentemente, continuar no Santa Catarina era um dos quesitos. E, apesar de não costumarmos trabalhar com previsões pessimistas, aquele era o momento em que deveríamos ter a coragem de encarar todas as possibilidades, para que elas pudessem ser cobertas. Portanto, quando perguntamos à Dra. Luciana o que teríamos que fazer caso Theo tivesse uma recaída, após um protesto da própria médica em contemplar essa probabilidade, ela nos respondeu:

— Se ele piorar, então o procedimento é um transplante de medula óssea. E a melhor pessoa para isso é a Dra. Adriana Seber.

Decisão tomada, convênio eleito (no caso, trocaríamos para o SulAmérica). O próximo passo era garantir um direito já previamente firmado por lei, mas que, na prática, daria bastante trabalho para fazermos valer: a portabilidade.

Como já estávamos trabalhando com um escritório especializado em planos de saúde, a advogada sabia o que fazer. Primeiramente, tentamos a portabilidade pelas vias de comunicação com o plano, por e-mail. E ele foi solenemente ignorado. Contudo, serviu como prova do pedido e foi anexado ao processo que tivemos que mover para fazer a lei ser aplicada.

Conseguimos.

Depois de tanta luta, chegamos ao final dessa saga com uma dívida injusta, porém negociada, e um novo plano de saúde que atenderia a nossas necessidades sem carência. Então, finalmente, conseguimos respirar um pouco. Ao menos, em relação a isso.

Balanço de 2019: um ano exaustivo, milagroso, exaustivo, milagroso

Atravessamos. Um ano de sustos e esperanças, uma nova vida sendo gestada, um ano de internações.

Não houve um só dia em que não tivéssemos que ir ao hospital. Às vezes, acabávamos de voltar de lá, após dias seguidos dormindo em poltronas, e, logo ao chegarmos em casa, Theo apresentava novamente febre. E tínhamos que retornar ao hospital.

Assim foi por todo o semestre.

Mesmo nos períodos em casa, a vida não era totalmente comum. Como Theo não poderia entrar em contato com nenhum tipo de vírus, precisamos deixar de conviver, ao menos presencialmente, com nossa turma de amigos. Isolamento social, cuidados com a assepsia, uso de máscaras... Isso tudo te lembra alguma coisa? Pois é; pra nós começou um ano antes.

Também tivemos muitas alegrias. A espera da nossa filha foi uma delas.

Eva acompanhou, do seu pequeno ninho, aquela jornada pela cura do irmão. E trouxe mudanças.

A gravidez colocou Thais diante de uma nova escolha: a linha de trabalho de Hideko Homna não permitia que mulheres grávidas usassem o torno para modelar as peças. Como esse era um dos principais interesses de Thais, para continuar a desenvolver sua vocação, ela teria que deixar o estúdio que, para ela, era como um templo.

Porém, depois de termos passado por tantas coisas, as prioridades da vida estavam muito claras. Coisas que poderiam ser um drama não se apresentaram dessa forma, e ela teve uma resolução bastante prática: acabou indo para outro ateliê, o que fez com que ela não só expandisse seus conhecimentos, mas continuasse em um caminho que tanto a alimentava. Se dependesse de mim, eu a estimularia de todas as maneiras, porque era visível sua alegria. No final do ano, o pai dela e eu a presenteamos com um torno, para que ela pudesse trabalhar em suas peças, de qualquer lugar que quisesse, com autonomia.

Ao longo de todo o ano de 2019, eu segui firme como Chef Executivo da Tartuferia San Paolo, administrando três restaurantes em São Paulo, um em Goiânia e outro em Curitiba. Apesar da demanda, eu não tinha um horário fixo para trabalhar, o que me permitia revezar com Thais nos cuidados com Theo, e nos momentos em que ela estava mergulhada na cerâmica.

Os dias eram extremamente corridos. Como casal, tivemos nossos desgastes, mas tenho a alegria de lembrar que, justamente por conta de tantas provações, nossos vínculos se fortaleceram.

Não é sempre que isso acontece. Não é verdade que passar por fortes desafios une duas pessoas; testemunhamos o contrário, muitas vezes, no dia a dia do hospital. Por isso, não vou entrar em generalizações, apenas agradeço termos sentido, naquele momento em que as reais prioridades tornaram-se evidentes, o quanto fazia sentido que estivéssemos juntos.

Se, por um lado, o sentido do vínculo vem à tona, por outro, precisamos de muita vontade para que ele seja cuidado, apesar do cansaço.

"Ainda bem que você está do meu lado", falávamos muito isso um para o outro.

Por mais que "estar de pé" fosse uma necessidade, também acolhíamos os nossos momentos de dor. Só nós sabíamos o tamanho dela. Em momentos muito difíceis, a gente se abraçava, se aconchegava; chegamos a tomar um vinho em copos de plástico, lá dentro do hospital. Da mesma forma que não desistimos de esperançar, também não desistimos um do outro. E isso não é somente uma frase romântica.

Ao contrário, não tem nada de idealizado: era uma escolha que fazíamos todos os dias.

2020: tudo vai melhorar!

Então chegamos àquele ano em que... bem, você já sabe. O ano de 2020 foi inesquecível para toda a humanidade da nossa época.

Mas, nesse comecinho, ainda não sabíamos o que estava para acontecer. Ainda bem! Deu pra viver uma coisa de cada vez.

Theo ainda estava em observação, mas não havia apresentado nenhuma nova crise e tudo indicava que estávamos no caminho de uma cura definitiva. Tanto que o matriculamos na escola, e ele aguardava ansioso o seu momento de retorno à vida social.

O nascimento de Eva estava previsto para o início de março, mas a danadinha deu um jeito de chegar antes. Thais, no final da gravidez, apresentou um quadro de diabetes gestacional. Havia muito líquido, e a cicatriz da cesária anterior estava "afinando" demais. Então, em acordo com a Dra. Vera, achamos por bem já trazer nossa filha ao mundo.

E correu tudo bem: no dia 5 de fevereiro, nossa família aumentou. E a Zona Norte de São Paulo ganhou mais uma pequena moradora, para nossa alegria.

Os próximos capítulos da nossa história irão se encontrar com a sua. A partir de agora, os acontecimentos serão tocados por aquele grande evento que uniu o mundo inteiro em um só desafio: a pandemia de covid-19.

Cada pessoa, família ou região viveu esse momento à sua particular maneira. Alguns, de forma bastante trágica; outros (também porque mais privilegiados), nem tanto. Coletivamente, um grande susto, um momento em que muitos de nós paramos para refletir sobre a vida. No nosso caso, foi como uma grande continuação do isolamento que já estávamos fazendo. Evidentemente, com algumas particularidades.

Quando tudo fechou de vez, Theo já havia experimentado o "gostinho" da escola presencial, mas, como toda criança, teve que se render ao ensino à distância. Eva, praticamente recém-nascida, desfrutava do seu ninho, alheia a tudo. E Thais, agora dividia os cuidados entre nossa pequena filha e Theo, que ainda precisava de muita observação.

Para nós, a grande mudança foi aquela que afetou praticamente a todos nós: "E o meu trabalho?". Ou, em termos mais crus: "Como vou fazer para ganhar dinheiro e sustentar minha família?".

Naquele comecinho em que, socialmente, ainda tínhamos a ilusão de que tudo se resolveria rápido (lembra que chamamos o isolamento de quarentena?), tentamos fazer com que as coisas ficassem mais ou menos iguais. Ou com menos perdas.

Não preciso nem dizer o quanto o meu setor foi prejudicado. Para o meio gastronômico, a única forma de se sustentar foi substituir o prazer do desfrute presencial pelo delivery. E, se isso já é difícil de implementar com planejamento e tempo de execução, fazer "na marra" foi um imenso desafio.

Tudo teve que ser renegociado: aluguéis, prazos com fornecedores, salários. O meu, por exemplo, foi de cara reduzido em 50%, e passei a trabalhar de forma remota. Agradecia por ter conseguido manter meu trabalho, mas um déficit mensal seria inevitável. Devido a tudo que você já sabe, não tínhamos nenhuma reserva, portanto... problemas à vista.

Thais, que estava justamente começando a pensar em retomar seus contatos nas agências, ainda não tinha a menor perspectiva de trabalho a curto prazo. Isso sem falar que havia deixado recentemente o puerpério, amamentando Eva, o que não é pouco. O que quer que surgisse, teria que partir de mim.

Cortamos todos os custos possíveis, tudo o que considerávamos supérfluo. Conseguimos uma bolsa de 100% na escola do Theo. Mas, ainda assim, a aflição era muito grande. As preocupações também.

Dessa vez, não eram apenas nossas.

A oportunidade, às vezes, é filha da necessidade

"O que a gente pode fazer agora?", era a pergunta que nos fazíamos.

Durante todo esse tempo prestando serviços para a Tartuferia, eu ainda não havia desistido de ser um empreendedor. Desde a experiência com o Barê, eu aguardava o momento em que poderia começar um novo negócio; dessa vez, em um segmento mais perene.

Lembram disso? Depois de tudo o que vivemos com Theo, parece que meus tempos no Barê haviam sido quase em outra vida... Mas é assim que funciona: algumas sementes plantadas ficam um tempo debaixo da terra, apenas aguardando o momento certo de brotar. Ou, melhor dizendo, o momento necessário.

Pronto ou não para voltar à minha vida de empresário, essa era a nossa única alternativa. Então, mais uma vez de mãos dadas com Thais, conversamos abertamente e decidimos nos jogar com tudo. Não apenas porque era preciso, mas porque era parte do que sempre quisemos construir. Por mais que o mundo estivesse em clausura, as pessoas não deixariam de comer. Eu sabia cozinhar, ela sabia divulgar; então, sentimos que esse seria o caminho.

Tudo o que deveria ser feito estava em nossas mãos. E seria feito por elas, tanto no fogão quanto nas redes sociais.

Assim, naquele ninho que ainda embalava o cheiro de criança recém-nascida, no meio de um evento que marcou a história da nossa humanidade, nasceu uma nova empresa.

O nome não poderia ser outro: HANDZ.

Comida caseira com alma italiana (caseira mesmo!)

Abrir um negócio com o que se tem à mão. Foi assim que começamos.

É claro, não foi exatamente de um dia para o outro. Demorou algumas semanas para idealizarmos um conceito, planejarmos, desenharmos a marca e criarmos um modelo de negócio que, apesar de restrito a princípio, depois poderia se expandir.

É importante dizer: o empreendimento era novo, mas as reflexões que o alicerçavam não. Muito havia sido aprendido com o Barê (inclusive o que não fazer) e, durante todo aquele tempo administrando os restaurantes da Tartuferia San Paolo, eu pude acrescentar mais experiências à minha bagagem.

Por já estar trabalhando com culinária italiana, resolvi seguir na mesma linha. Minha ideia foi, naquele momento de extrema vulnerabilidade, poder oferecer uma comida simples, caseira, bem feita, com gosto de almoço de domingo. "Comida caseira com alma italiana", eis a frase que resumiu a essência. O trivial bem feito, cuidadosamente preparado. Quase como um abraço.

Porque a gente sentia muito essa falta. E também porque, naquele momento, era o tipo de prato que mais me agradava fazer.

A comida era caseira, o empreendimento, sediado na nossa própria cozinha. A implementação, contudo, foi profissional.

Para começar, idealizei um cardápio com apenas duas opções, mas com muita qualidade. Não apenas em termos de ingredientes, pois só utilizo boas marcas para cozinhar, mas também na sua elaboração. O "simples" pode estar de mãos dadas com o "muito bem feito". Por isso, a primeira opção escolhida foi o já consagrado picadinho, que havia me rendido um prêmio em Miami, quando eu ainda era um estudante de gastronomia. O outro item que compôs nosso primeiro cardápio foi um nhoque com filé mignon, também uma delícia.

Para o desenho da marca e da identidade visual, contamos com a expertise do nosso grande amigo Luciano Semeria e sua agência, a Go WIIIDE. Design realizado, cardápio escolhido, faltaria estruturar como iríamos distribuir nossas iguarias.

A plataforma iFood já dominava o mercado, mas exigia alguns itens que ainda não teríamos a curto prazo, como CNPJ, sacolas personalizadas e outros quesitos. É claro que poderíamos contar com nossa divulgação individual e um serviço terceirizado de entregadores, mas estar inseridos dentro de um aplicativo específico de delivery alavancaria muito nossas vendas.

Foi quando nossa amiga Patricia Ramirez nos indicou para o Marcelo Monteiro, um dos sócios do aplicativo Apptite, que foi um dos nossos grandes aliados no começo da Handz. O Apptite foi concebido justamente para empreendimentos com o nosso perfil: ser uma ponte entre chefs à frente de cozinhas caseiras de qualidade e o consumidor final, oferecendo um suporte de logística e marketing em troca de uma porcentagem nas vendas. O aplicativo se diferenciava dos demais, por trazer uma proposta mais personalizada, menos *fast food,* e atraía pessoas que buscavam justamente uma culinária mais artesanal e criteriosa. Perfeito para o nosso caso.

Evidentemente, não contaríamos só com isso. Aproveitamos a rede já consolidada na época do Barê e comunicamos nosso novo empreendimento. Thais voltou com tudo à assessoria de imprensa, enviando nossas novidades a influenciadores e mídias. Como não havia um plano B, teríamos que contar com todas as frentes possíveis.

Mas ainda necessitaríamos de um último ajuste: entender onde estávamos situados no mapa de São Paulo.

Zona Norte, sua maravilhosa

Ainda nos faltava perceber isso.

Ainda que tivéssemos resgatado nossa antiga rede vinculada ao Barê, logo percebemos um pequeno detalhe: a maioria das pessoas que conhecíamos estava situada nas Zonas Oeste e Sul de São Paulo. Nada que atrapalhasse as "curtidas"; mas, em termos práticos, isso tornava o delivery caro demais. Ou até inviável, pois os aplicativos delimitaram raios de entrega de acordo com o ponto de partida. Como estávamos na Zona Norte, mesmo que alguns clientes desejassem fazer um pedido, ele não era concluído.

Tentamos de tudo: negociar taxas, ampliar o circuito, mas não foi possível driblar as dificuldades físicas da distância. Não seria viável que alguém pagasse a conta da quilometragem, seja quem fosse. Tampouco tínhamos uma logística (e recursos) para ter uma "base na Zona Sul", de onde poderiam sair as entregas. Era necessário buscar outra solução.

Esse desafio nos colocou diante do óbvio: "se é na Zona Norte que estamos, é aqui que teremos que trabalhar". Se já havíamos assentado raízes familiares na região, agora teríamos que fazer o mesmo no campo do trabalho.

Foi quando novos horizontes se abriram. Começamos pelo nosso condomínio.

Conversamos com o síndico e entramos em acordo de que poderíamos fazer a divulgação nos grupos internos dos prédios, das paredes do elevador aos grupos de WhatsApp, e as pessoas poderiam retirar o pedido na nossa porta.

Foi bom para todo mundo. Sem taxa de delivery, sem atrasos na entrega, com a comidinha recém-saída do fogão, literalmente, para sua casa. A adesão dos condôminos foi grande, o que nos deixou muito felizes. Sentíamos como uma calorosa recepção, não só como moradores, mas também como profissionais recém-chegados.

Nossa gratidão era tanta, que transbordou em mensagens carinhosas que enviávamos juntamente com os pedidos. Isso dava um toque especial às encomendas, e não era feito somente para "fidelizar os clientes". Realmente, era uma expressão da nossa vontade de dar o melhor e poder oferecer, num período tão difícil das nossas vidas, um pouco de acolhimento.

Tudo isso aconteceu em um prazo relativamente curto. Se as portas das nossas casas se fecharam em meados de março, em abril já estávamos de portas abertas, entregando os pedidos da Handz. Logo começaram a surgir novas demandas, frutos do sucesso do nosso empreendimento, como uma maior diversidade no cardápio, mais uma geladeira e mais "mãos" para compor a Handz.

Não sei se por entusiasmo ou por necessidade — talvez um blend entre as duas coisas —, eu entrei numa espécie de moto-perpétuo. A cozinha, antes caseira, tornou-se industrial "na marra", sem que tivéssemos tempo para qualquer planejamento. Ainda bem que eu já tinha bastante experiência no preparo de pratos e sabia que poderia dominar aquele mundo sem maiores problemas, mas, para quem via de fora, a cena parecia a pintura do caos. Era, literalmente, uma cozinha caseira com ritmo de restaurante.

Enquanto eu cozinhava e montava os pratos, Thais cuidava do fechamento das embalagens, dos carinhosos recadinhos e de toda a divulgação e administração dos pedidos. Ah, é claro: também da nossa filha recém-nascida e de Theo que, felizmente (obrigado, Deus!), não havia apresentado nenhuma piora desde o começo do ano. Continuava seu tratamento com a quimioterapia oral e tudo corria muito bem.

Era como se os desafios, por mais grandiosos que fossem, ao menos "passassem o bastão" um para o outro, em vez de se apresentarem todos ao mesmo tempo.

Trabalhávamos de domingo a domingo, das oito da manhã às onze da noite, com apenas algumas segundas de folga. E também contamos, em vários momentos, com a ajuda fundamental dos nossos pais.

Minha mãe veio para nossa casa por um tempo e, durante toda a temporada da sua visita, passou horas e horas na pia, lavando a louça que se acumulava sem cessar. O pai de Thais nos emprestou um frigobar, e foi quando pudemos estocar melhor a produção, diferenciando-a minimamente da nossa geladeira familiar.

Em pouco tempo, já preparávamos uma média de cinquenta pedidos por dia, divididos entre almoço e jantar. E, para completar, eu seguia atendendo aos restaurantes da Tartuferia, que ainda gerenciava.

Quando eu conto sobre essa fase da nossa vida, nossos amigos perguntam: "Como vocês conseguiram?". Minha resposta: "Não tenho a menor ideia".

A gente só fez o que tinha que fazer, do melhor jeito possível.

E deu muito certo.

Com o tempo, crescemos ainda mais. Como cobríamos muito bem a tríade qualidade/quantidade/preço, havia uma gama bastante grande de clientes fiéis. Então, precisamos diversificar ainda mais o cardápio, porque, por mais que adorassem nossos pratos, todos queriam novidades. Passamos a desenvolver cardápios sazonais e um pedido especial para crianças.

O público da Zona Norte nos dava lindas devolutivas. "A gente nunca experimentou uma comida como essa aqui na região!", muitos nos diziam. Sentiam-se agraciados pelo fato de terem ali, de forma acessível, um restaurante de qualidade, criterioso, profissional. Porque, como eu já disse, a estrutura era caseira, mas não era nada amadora. Se alguém entrasse na nossa casa, ficaria com os cabelos em pé, mas, apenas pegando o pedido na porta, sentiam que não perdíamos em nada para grandes estabelecimentos gastronômicos.

Quem gostava ia indicando e, de boca a boca, os pedidos cresciam. O frigobar já não dava mais conta; então, recorri aos meus antigos contatos e consegui emprestada uma geladeira com a Coca-Cola, o que nos deu um novo respiro. Ainda assim, havia limites para o quanto poderíamos crescer. Não só porque não havia como expandir a cozinha, mas porque tudo isso se deu em plena pandemia, quando qualquer contato humano era absolutamente assustador. Exceto pelos nossos familiares mais próximos, ainda era impensável contratar alguém para trabalhar conosco; então, o jeito era fazer render o que tínhamos. Até o limite das possibilidades.

Em alguns momentos, esse limite simplesmente arrebentou.

Foi o que aconteceu na primeira data comemorativa após o isolamento social, o Dia das Mães.

Eu sei que isso já parece outra vida, mas, só para relembrar, ainda estávamos bem isolados. Mas... mãe é mãe, né? E quer coisa mais "dia das mães" que um almoço de domingo? Pois é.

Estando (ou não) juntos, presencialmente, muitas pessoas (muitas mesmo!) sentiram uma necessidade enorme de fazer pedidos a restaurantes. Seja por não querer romper totalmente a tradição de um almoço fora de casa, seja por considerar um presente carregado de amor e carinho. O fato é que os pedidos de delivery em São Paulo explodiram.

Já prevendo parte do problema, chamei Paulo Sabino — um grande parceiro, que foi meu subchefe no Barê e que eu havia indicado para trabalhar na Tartuferia — para me dar um suporte no preparo dos pratos.

Ainda assim, foi impossível dar conta.

Mesmo fechando o aplicativo para novos pedidos além da demanda possível, a sobrecarga não se deu somente no preparo dos pratos, mas, especialmente, nas entregas. Ali o "funil" colapsou e fez com que muita gente tivesse que repensar seus planos, seja transferindo-os do almoço para o jantar, ou até do almoço para... o improviso!

Evidentemente, a maioria dos restaurantes passou por isso. Mesmo os aplicativos de entrega, que tiveram seu faturamento nas alturas durante esse tempo, não previram tamanha demanda. Tudo era parte do aprendizado do "novo normal". Tanto que, na data comemorativa seguinte (Dia dos Namorados), foi bem mais tranquilo.

Até onde vai tudo isso?

Essa foi outra pergunta que muitos de nós fizemos — o que valia tanto para o isolamento social como para nosso empreendimento.

Desde o início, quando idealizamos a Handz, nosso plano não era apenas ter um "tapa-buraco", uma iniciativa provisória durante o isolamento social. Desde o fechamento do Barê, a ideia de abrir um restaurante sempre passava pelos meus pensamentos. Dessa vez, em um segmento mais perene.

Se não concretizei nada antes, foi devido aos cuidados com Theo e com seu tratamento. O trabalho com a Tartuferia cobria bem as contas; então, abrir um novo negócio tornou-se um sonho para outro momento. Mas, quando a pandemia mudou toda a nossa realidade e acelerou o tempo das coisas, já sabíamos que nada que começássemos ali seria provisório. Portanto, mesmo com todas as dificuldades, seguimos aprimorando nosso negócio.

Evidentemente, foram muitas as dificuldades. Não apenas aquelas relacionadas ao isolamento, mas também outras ligadas ao "universo do delivery", que, para nós, era totalmente novo. Desde as lindas embalagens biodegradáveis, com as quais iniciamos as entregas (e que deixavam vazar o molho dos pratos), até inúmeros problemas com entregadores, tivemos que aprender como lidar com cada uma das dificuldades.

Quando já tínhamos o CNPJ, conseguimos entrar também em outros aplicativos, como o iFood, e seguíamos alimentando nossas redes sociais. Como a página do Barê no Instagram já contava com cerca de 15 mil pessoas, apenas trocamos para Handz (com os devidos comunicados, evidentemente), o que facilitou demais esse início. Minha experiência como ator também foi extremamente útil, porque eu fazia diversos vídeos para divulgar nosso empreendimento. Na minha página pessoal, eu também compartilhava conteúdos sobre paternidade, lifestyle, além, é claro, de toda a jornada da leucemia e de campanhas de doação e conscientização.

Theo seguia muito bem, e com aulas on-line. Eva se desenvolvia de maneira bem saudável, o que era um imenso alívio. Ainda tivemos a alegria de contar com o apoio presencial da tia Lu, a maravilhosa professora que já havia nos ajudado com os cuidados de Theo, na época da bronquiolite. Como ela estava afastada das suas atividades como professora, por conta do isolamento social, passou a viver em nossa casa por um tempo, sendo um importantíssimo apoio na lida cotidiana.

Esse suporte permitiu que Thais continuasse seus estudos em cerâmica, mesmo à distância, além de dividir comigo as funções para a consolidação da nossa empresa também recém-nascida, mas que ansiávamos por ver crescer.

A plena aceitação da Handz na Zona Norte havia plantado, dentro de mim, a semente dos próximos anos. Um restaurante físico passou a ocupar meus pensamentos e, quando isso acontece, sinto, dentro de mim, que um plano sem volta e sem desistência é traçado, até que se concretize. Eu sabia que não seria pra já, mas certamente seria o próximo passo, quando o mundo se abrisse novamente.

Não sabíamos até quando iria a pandemia. Mas, como nada fica parado, mesmo com tantas notícias de mortes e nenhuma perspectiva de vacinação, muitas portas que estavam fechadas voltaram a se abrir. Seja para o público, seja para funcionários e colaboradores. Foi um período extremamente polêmico e controverso, em que tivemos que escolher entre a saúde e a falência, completamente entregues à nossa própria sorte.

Nessa "nova onda", a Tartuferia passou a solicitar que eu fosse presencialmente aos restaurantes. Por mais que fosse completamente compreensível, isso me colocou em um impasse. Como eu poderia sair, em plena pandemia de um vírus ainda letal, com uma criança em casa que ainda travava uma batalha contra um câncer e cujo sistema imunológico deveria ser protegido a todo custo?

Difícil escolha.
Ou não.

Entre a saúde do meu filho e metade da minha renda, eu não tinha dúvidas de qual seria o critério. O problema foi arcar com a escolha e, mais uma vez, lidar com a corda bamba; e ainda carregando cinquenta pratos por dia.

Só sendo polvo para conseguir.

Por sorte, uma nova porta se abriu: a Fazenda Alto Paraíso, criadora de gado Wagyu (a carne mais cara do mercado bovino), quis contratar um chef para desenvolver receitas com seu produto, associando a marca à alta gastronomia. E eu havia sido o indicado. Após um tempo de negociações, chegamos a um valor fixo mensal para a produção de conteúdos, em um contrato de um ano. Ainda que fosse um trabalho temporário, foi o que me deu uma base para encerrar meu contrato com a Tartuferia San Paolo que, a partir daquele momento, demandava o que eu não poderia dar: minha presença física. Com muita gratidão aos aprendizados e recursos vindos dessa parceria, era chegado o momento de me despedir.

É interessante pensar como a vida nos leva para onde temos que ir. Assim como a Thais, por força dos cuidados com Theo, havia começado a trilhar o caminho da sua vocação, eu havia retornado à minha trilha empreendedora. Não fosse a pandemia, ou mesmo a leucemia, talvez eu ainda estivesse trabalhando como prestador de serviços. O que sempre fiz com alegria, mas que nunca tinha sido exatamente o meu caminho há muito idealizado.

Se, por um lado, a necessidade nos "joga na vida", sem que nos sintamos totalmente prontos, também é uma mestra que tira da frente todo adiamento, mesmo aqueles disfarçados de prudência, que podem perfeitamente atrasar ou até adiar para sempre nossos verdadeiros planos.

Fácil, nunca é. Confortável, muito menos. Mas, quando estamos fazendo o que nosso destino nos chama a fazer, uma força extra nos ajuda a superar todas as adversidades. Pelo menos, foi o que eu vivi.

Ainda que tivéssemos que enfrentar um leão por dia.

Terapeutas e terapias: novas forças aliadas

Para cada "ato heroico" aqui descrito, pode ter certeza de que há também dúvidas, conflitos e, especialmente, apoios.

Sim, estou falando também de terapeutas. E quem inaugurou esse mundo foi Thais. Era necessário ter um ambiente para elaborar tudo o que estávamos vivendo, para que as dores, as aflições e os destemperos do processo não corroessem o ânimo do dia a dia, nem as relações.

Depois dela, foi minha vez. Confesso que, a princípio, buscar uma terapia não era exatamente meu "estilo" de trabalhar meus conteúdos; mas depois me rendi. E foi, de fato, um apoio essencial não só para ajustar o passado, mas para apoiar o presente que, não preciso nem dizer o porquê, não era bolinho!

Depois, percebemos que não éramos os únicos a precisar de suporte. Theo também nos sinalizava que, dentro dele, havia muita coisa a ser elaborada. Até aquele momento, já havíamos lançado mão de muitos recursos para que ele se sentisse seguro. Por exemplo: a "pedra do poder", presente recebido de Thiago, irmão de Thais, o acolhera em inúmeros momentos de aflição. Durante muito tempo, ele carregou a pedra no leito do hospital, recebendo dela a coragem e a fé que estavam dentro do seu próprio coração. Havíamos feito uma caixa para guardar presentes assim, preciosos, santinhos, desenhos, orações. Era como um altar.

Mas, depois de passar por tanta coisa, manter o mundo espiritual vivo não parecia ser o suficiente. Theo demonstrava, nos seus próprios desenhos, aspectos mais sombrios, como se sentisse que dentro dele havia algo ruim. Uma espécie de "mal", do qual ele não conseguia se livrar.

Por isso, sentimos que era o momento de buscar o apoio de uma terapeuta infantil. Tivemos a alegria de conhecer Mirella Baise Duque, que o acolheu e acompanhou nesse processo em plena pandemia, com encontros ao vivo. Mirella foi de uma delicadeza ímpar e conseguiu acessar o mundo de Theo de forma muito lúdica, através de seus desenhos e brinquedos.

Em um dado momento, como expressão da sua raiva, Theo pegou um boneco do Ben 10 que ele adorava e atirou-o contra a parede. Mirella foi trabalhando assim, estimulando-o a "descarregar" suas emoções, para que elas se externalizassem. O pobre boneco serviu ao seu heroico propósito: o de confrontar todos os supervilões que passeavam livremente pelas emoções do nosso filho, mas que, pelas mãos de Mirella, puderam ser canalizados para seu merecido fim.

Após algum tempo, seus desenhos nos mostraram que, se seu corpo ainda estava em confronto, sua alma estava mais apaziguada. As cores voltaram a ocupar o papel. Contudo, o grande Ben 10 nunca mais retornou ao seu posto de brinquedo. A vida real se impôs e, qualquer que fosse o milagre, ele teria que ser encarnado; não seria idealizado, não seria imaginário, nem cairia do céu.

Theo, na sua simplicidade, colocou-nos de frente com uma verdade crua: seja por idealismo ou por necessidade, estávamos com muita demanda sobre-humana, de sermos muitas coisas. Às vezes, só queríamos poder chorar. Esmorecer. Abraçar. Silenciar. Ou sentir muita raiva e arremessar contra a parede tudo o que nos forçava a ser mais do que a gente aguentava.

Sermos apenas humanos, com todas as nossas forças, mas também nossas vulnerabilidades, cicatrizes e medos. Se houvesse um superpoder a se conquistar era esse — tanto para nosso filho quanto para todos nós.

E assim atravessamos 2020, aquele ano inesquecível, trágico, enigmático, mas que, para nós, foi também um grande disparador de novas possibilidades.

Agora vai

Entramos em 2021 com uma promessa de abertura, o que me fez sonhar ainda mais com um restaurante físico. Sabíamos que o "pico do delivery" iria arrefecer com a pandemia; então, eu não poderia esperar isso acontecer para só depois pensar em soluções. Essa foi uma das duras lições aprendidas com o fechamento do Barê: ficar atento às curvas dos negócios. Para quem é empreendedor, tem que estar com um olho em cada tempo: no presente, para manter a eficiência e a qualidade; no futuro, para não se perder dos caminhos e das novas geografias.

Contudo, com uma nova onda de casos, a aparente abertura logo deu lugar a um novo fechamento. Ainda assim, já sabíamos que seria só por alguns meses. A vacinação já era um cenário visível no horizonte e todos (os que tinham o privilégio de ter suas vidas preservadas sem risco) ansiavam pelo fim do isolamento social. Foi um semestre estranho, em que todos apresentavam um cansaço extremo daquela situação confinada, desde os "zoomversários" até os presentes entregues em domicílio. Dava para sentir o acúmulo da tensão e prever que, uma vez abertas as portas, as pessoas correriam atrás de muita vida exterior.

Eu percebia tudo isso acontecendo, ao mesmo tempo que seguia trabalhando de domingo a domingo para não perder a constância das entregas. Era uma atmosfera instável: seguir trabalhando no mesmo ritmo, enquanto sentíamos que aquela rotina quase imutável de 2020 não teria mais lugar para aquele 2021.

(Nem poderíamos imaginar o quanto isso era verdade...)

Imersos em tantas incertezas, não conseguíamos nos firmar absolutamente em nada. Na dúvida, tentávamos manter todos os apoios possíveis.

A produção de conteúdos ainda me garantia um ganho extra, seja pelos vídeos com as receitas para a carne de gado Wagyo, seja para a Tartuferia San Paolo, que ainda me contratava para alguns serviços específicos de divulgação. Antes que eu tivesse o próximo passo da Handz mais consolidado, não poderia abrir mão do que ainda me trazia certa estabilidade.

Thais passava pelas mesmas reflexões. Ela já não tinha dúvidas quanto à sua vocação como ceramista, mas isso ainda não havia chegado ao ponto de ser uma fonte de renda. Insegura quanto à possibilidade de ganhar dinheiro com sua arte, passou a contemplar, novamente, trabalhos na área de publicidade.

Não que duvidássemos da nossa capacidade, ou talento. Mas acho importante dizer que todo caminho de empreendimento passa por suas encruzilhadas. Nelas, somos sempre convidados a desistir, a buscar uma trilha mais aberta, segura. E, confesso, às vezes é bastante tentador.

Salvos por uma placa de aluga-se

Foi esse o grito da Handz: "Ei, Rodrigo, quero crescer!!!".

E meu olhar se fixou em uma placa plantada no meio da minha rua, mais especificamente sobre uma garagem. O espaço disponível para o aluguel era pequeno, modesto, mas do tamanho das nossas pernas, caso decidíssemos crescer como vínhamos fazendo.

Já estávamos completamente enraizados na Zona Norte, e não faria sentido algum começar nossa Handz no mundo físico em qualquer outro lugar que não fosse ali. Fomos tão abraçados pela região, que nossa vontade era devolver aos nossos clientes todo o reconhecimento que tivemos. E muita gente já ansiava por um lugar onde pudesse experimentar o mesmo acolhimento que os nossos pratos apresentavam.

Quando eu vi aquela garagem para alugar, algo se iluminou dentro de mim. Um senso de oportunidade, somado àquela brisa que a gente sente quando o destino nos chama. Quando isso acontece, não desisto até fazer acontecer. Mas... ainda teríamos que decidir qual modelo de negócio iríamos trilhar.

O primeiro seria praticamente uma continuação do que vínhamos fazendo, Thais e eu, mas com mais estrutura. Um lugar modesto, com algumas mesinhas, perto da nossa casa. Um primeiro passo. Sendo na mesma rua do nosso prédio, facilitaria muito a logística. Nesse caso, como não tínhamos nenhuma reserva, a ideia seria buscar um financiamento para reformar a garagem, equipá-la, contratar uma mínima equipe e começar.

Outra opção seria criar um modelo de algo maior, com *business plan*, e buscar investidores. Eu já havia experimentado algo assim com o Barê e foi uma ótima experiência. Evidentemente, na época, éramos todos amigos, o que facilitou muito. Mas, naquele momento, isso não seria possível, por se tratar de algo bastante específico: a abertura de um restaurante com a minha cara, na Zona Norte de São Paulo.

Enquanto pensávamos em todas as possibilidades (no pouquíssimo tempo que tínhamos para isso, porque nossa vida seguia no ritmo de uma cozinha profissional), a garagem foi alugada.

Fim do sonho?

Acho que, se você já me leu até aqui, sabe que isso seria impossível.

Ainda assim, o frio na barriga era grande. E é aí que mora o desvio

Tudo estava novamente instável. Meu contrato com a Fazenda Alto Paraíso, para quem eu desenvolvia conteúdos e receitas com cortes Wagyu, já estava chegando ao fim. Eu até consegui negociar mais alguns meses de pagamento, mas não poderia mais contar com esse trabalho para uma estabilidade a médio prazo.

Por sorte, nesse momento surgiu a possibilidade de uma nova consultoria para a Granja Faria, uma granja que tinha o projeto de abrir uma lanchonete com um cardápio inteiro feito à base de ovos. O nome? Eggy. Quando me contataram, pediram que eu apresentasse uma proposta com orçamento, já deixando claro que seria uma concorrência.

Eu estava confiante, porque meu trabalho havia sido muito bem recomendado. Mas... o que parecia uma grande sorte se transformou em um banho de água fria. No frigir dos ovos (com o perdão pelo trocadilho involuntário), acabaram escolhendo outra pessoa que havia cobrado mais barato.

O que parecia certo não era mais. O que fazer?

Pausa para reflexão: eu já falei aqui, lá no episódio do Barê, o quanto é perigoso tomarmos decisões com base no desespero. Parece que, quanto mais nos sentimos instáveis, mais a direção completamente equivocada nos chama, como um ímã. E, se não estamos atentos, é nessa hora que a sobremesa desanda.

Perder uma concorrência por critério de qualidade é uma coisa, mas perder por ter cobrado mais caro sempre nos coloca no difícil dilema entre valor e preço. Qual o limite de quanto eu posso baixar meu orçamento sem sacrificar, com isso, meu valor?

Até aquele momento, eu já havia construído uma reputação, e isso não se deu somente pela presença em redes sociais, mas por diversos serviços prestados com excelência na área da gastronomia. Conforme vamos caminhando, é importante atualizar o valor do nosso trabalho de acordo com referências concretas, mensuráveis. Eu não estava começando ali. Já havia caminhado bastante, investido ainda mais, e não poderia, de forma alguma, por um desespero momentâneo, abrir mão dessa conquista.

Por mais que a gente espere reconhecimento do nosso meio — o que, às vezes, de fato, acontece —, quem primeiro tem que saber quanto vale nossa experiência somos nós mesmos. Mesmo com aquela margem de negociação que todos temos, há patamares. Uma vez que alcançamos uma marca, rebaixá-la, para ganhar, a qualquer custo, pode ser avassalador para a própria dignidade. Na maioria das vezes, quando não conseguimos abrir mão da nossa qualidade de entrega, mesmo com um orçamento rebaixado, o "barato para os outros" sai caro para nós.

Isso vale para qualquer pessoa, em qualquer situação. Da mesma forma, eu sempre busco reconhecer esses valores nas pessoas que trabalham comigo. Reconhecimento verdadeiro vem com base material: de nada adianta um tapinha nas costas, se isso não se reflete no valor depositado ao final do mês. E te digo: se há uma área na qual é difícil falsear um patamar é essa. Você pode falar o que quiser, mas, quando colocar as mãos na massa, a realidade da sua posição irá se mostrar. Assim como no profissionalismo com o qual se trabalha.

Eu ainda não era um chef três estrelas Michelin, mas sabia muito bem meu lugar no meio onde decidi me firmar. E, por mais que fosse assustador perder uma consultoria em um momento de hiato, não ter arredado o pé da minha proposta foi a melhor coisa que eu fiz.

O que aconteceu?
Passado um tempo, me ligaram.
O chef que haviam escolhido não segurou o rojão, e quiseram me contratar.

O trabalho não seria pouco: elaboração do cardápio, desenho e implementação da cozinha, formação da equipe, treinamento, entre vários outros processos que compõem a abertura de uma casa. Depois, acompanhamento de mais um mês após a inauguração. Ufa!

A consultoria para a Eggy, além de me proporcionar mais uma experiência — tanto como chef quanto como administrador —, me deu um certo respiro, pois cobria mais ou menos o que já estávamos deixando de receber com a Handz, devido à queda dos pedidos.

A baixa de demanda do delivery era evidente. E esse seria um caminho sem volta. O que, em termos coletivos, era um excelente indicador.

Com a maravilhosa notícia da vacinação, as portas do isolamento social começaram a abrir. Tudo o que tinha "cheiro de pandemia", como delivery de pratos, por exemplo, foi perdendo força, mês a mês. Muitas pessoas estavam desesperadas para sair de casa, se encontrar e fazer programas ao ar livre — que, mesmo com muitas restrições, já se mostravam possíveis e minimamente seguros. Evidentemente, o mercado do delivery continuaria a existir, mas voltaria ao seu fluxo anterior ao isolamento, bem mais ameno, por não se tratar da única opção.

Eis que havia chegado o momento de uma escolha crucial: investir em um restaurante físico e seguir construindo a Handz?

Meu plano "seguro", que seria alugar aquela garagem em frente ao meu prédio e começar algo pequeno, apenas com algumas mesinhas, havia sido retirado do meu horizonte, juntamente com a placa de aluga-se. Desde então, eu firmava diariamente a minha intenção de que isso iria acontecer de alguma outra forma, mesmo sem saber exatamente como, com pouquíssimo tempo disponível e nenhum dinheiro para investir.

(Lembrando que Theo ainda estava em tratamento, e Eva apenas começava a engatinhar.)

Como tomar essa decisão, trabalhar nas consultorias e seguir dando conta dos pedidos que, apesar de menores, ainda existiam? O que a gente faz quando a tarefa que se coloca à nossa frente parece grande demais para o momento? Não sei você, mas eu tentei ganhar tempo. E, enquanto a melhor solução para a nova fase da Handz não surgia no horizonte, passei a divulgar minhas consultorias.

Porque, como todos nós sabemos, os boletos não esperam que você esteja pronto para grandes saltos na vida.

Quando os mundos se dão as mãos

Pouco tempo depois, o Universo moveu seus pauzinhos. Sabe aquela sensação de sermos agraciados por um encontro marcado? Pois é. Aconteceu.

Recebi uma mensagem pelo Apptite de um dos meus clientes, Roberto Romero, que queria contratar meus serviços de consultoria. Até ali, parecia que tudo ainda era parte do "box Rodrigo Einsfeld: consultor", até que ele me trouxe uma informação importantíssima:

— Rodrigo, tenho um restaurante na Casa Verde e não sei o que fazer com ele.

Eis o caso: Roberto havia adquirido o estabelecimento em 2019 e fez, junto com outros três sócios, uma reforma para abrir uma churrascaria *à la carte*, investindo já um valor considerável. A casa havia sido inaugurada em setembro de 2020, mas, como começou bem, antes que tudo piorasse, os sócios decidiram fechá-la e aguardar um momento mais oportuno para reabrir. Com a reabertura social, acharam que o momento havia chegado.

Mas, antes de começarem a arcar com os custos fixos de funcionamento, para evitar cair nos mesmos erros, decidiram contratar uma consultoria. Como Roberto já era meu cliente do delivery da Handz, decidiu me convidar para pensar uma proposta para o ponto, me dando carta branca para implementar o que eu achasse mais interessante.

Marcamos nossa reunião no restaurante, pois seria essencial conhecer o local presencialmente. Ao chegar lá e ver todo aquele espaço completamente reformado, novo, ocioso, não preciso nem dizer o que foi que passou pela minha cabeça. Se você já adivinhou, foi exatamente isso.

— Vocês topam trazer a Handz para cá? — perguntei, sem hesitar.

Marcamos uma conversa com os demais sócios. Entre idas e vindas, acabamos apertando as mãos de Karla Romero, Rafael Soares e Silvio Pompilo, além, é claro, de Roberto Romero, com quem a conversa começou.

A ideia era ousada: ainda que ele já estivesse todo reformado, faríamos uma nova obra para readaptar o espaço ao conceito da Handz, e o restaurante seria inaugurado de cara nova.

Ainda passamos um tempo fazendo reuniões, para ajustar os detalhes. Em junho, fechamos o contrato oficialmente. A vacinação contra a covid-19 já era uma realidade, e esse fato dava ainda mais segurança para a abertura definitiva pós-isolamento social. A reforma começaria em agosto, com previsão de inauguração da casa para outubro.

Tudo aconteceria no prazo de pouquíssimos meses.

Eu me sentia na bancada do MasterChef, produzindo maravilhas em tempos reduzidos, mas aquela adrenalina já era conhecida. E tudo era maravilhoso demais para perder tempo com "será que...". As coisas não poderiam ter acontecido de forma melhor, e voltei para casa tão eletrizado que não cabia em mim de tanta empolgação.

Thais e eu celebramos. Muito!

Depois de tudo o que vivemos, era como se um grande SIM brilhasse no horizonte. Nosso empreendimento agora ganharia forma física e poderia acolher, presencialmente, todos os nossos clientes e quem mais quisesse chegar. Depois de tanto perrengue, era chegado o momento de voltarmos a degustar a vida, respirar a atmosfera sem tanta aflição. Queríamos receber as pessoas olho no olho, sem medo, e com muito sabor!

Para completar nossa alegria, no final do primeiro semestre de 2021, Theo fez seu último mielograma e tudo indicava que ele estava totalmente livre do câncer. Livre.

Em agosto, juntamente com o início da reforma do restaurante, ele finalmente voltaria à escola presencialmente. As outras crianças já haviam retornado à rotina escolar, mas, devido à pandemia, não havia como deixá-lo exposto ao vírus. O que conseguíamos fazer era levá-lo à escola uma hora por dia, fora do período letivo, quando não havia crianças, para ficar um pouco com a professora. Mas isso estava longe de ser o ideal.

Em outubro, Theo faria seis anos. Era até estranho pensar que ele havia passado praticamente toda a primeira infância com um mundo tão pequeno. Um carinhoso ninho, isso era fato, mas um universo que se resumia à nossa família e poucos amigos e familiares. E, é claro, toda a comunidade do hospital, que, para ele, era tão parte da rotina que seria até difícil desassociar da sua própria vida. Ao longo desse tempo difícil, ele se mostrou uma criança extremamente resiliente, o que facilitou demais seu tratamento. E, mesmo durante suas muitas crises de indignação — especialmente ao longo da pandemia, quando precisou se submeter a incontáveis testes de covid que tanto o atormentaram —, nunca deixou de ter uma atitude colaborativa.

Olhar para o segundo semestre de 2021 com essa nova perspectiva era quase inebriante. Fim do isolamento em casa e no hospital. Fim dos remédios. Uma nova vida se descortinava, enfim.

Só que...

Em que mão a gente segura quando falta o chão?

No final de julho, durante a cena mais trivial do mundo, quando ajudávamos Theo no banheiro, tivemos uma surpresa: um dos seus testículos estava inchado. Para quem não sabe, esse é um dos indicadores da volta da leucemia.

Eu, que sempre evito pensar no pior, imaginei que isso havia acontecido justamente porque Theo havia se atrapalhado com o fecho do short ao fazer xixi (por isso fomos em seu auxílio) e o inchaço poderia ter sido devido ao beliscão do zíper. Eu queria acreditar, com todas as minhas forças, que era apenas aquilo. Não poderia ser?

Não era o que dizia o radar de Thais, que gritou com tanta força, que ela quase foi ao chão. Dessa vez, sua antena estava certa. Não era a voz do medo quem falava, era sua intuição.

Mesmo antes de termos certeza disso, não daria para simplesmente sentar e esperar o melhor. Não naquele caso. Após o último exame, a volta da leucemia indicaria um novo procedimento: transplante.

Não, não era o momento de entrar em negação. Por mais difícil que fosse, por mais que o coração saltasse pela boca, só havia um caminho possível: encarar os fatos e seguir em frente.

Pés no chão e olhar para o céu

Toda a equipe do hospital foi acionada.

Como já havíamos contemplado esse cenário desde a época em que tivemos que escolher para que plano de saúde migrar, ao menos não precisamos tomar tais decisões no calor da emoção. Nós já sabíamos: no caso de o novo protocolo encaminhar para um transplante, teríamos que ir para o Hospital Samaritano, onde trabalhava a maior especialista na área, a Dra. Adriana Seber.

Mas isso não foi um processo em linha reta. Nessas horas, o turbilhão vem à tona, as emoções são contraditórias. Por um lado, era desolador voltarmos àquele pesadelo depois de um mês respirando os ares da liberdade. Por outro, agradecíamos profundamente àquele zíper que engastalhou, porque foi ele que nos fez ver, tão rapidamente, os sinais de que a leucemia havia retornado.

Sorte ou revés?
Depende da
sua visão de mundo.

Em meio a todos os exames, troca de hospitais, parecer médico, indicações, tudo o que a gente precisa passar, numa hora dessas, para ter certeza de um diagnóstico preciso, ouvimos a seguinte frase, dita pelo Dr. Vicente Odone Filho, um dos tantos especialistas em oncologia infantil que nos ajudou:

—Thais, Rodrigo, vocês precisam ser como um sapo: pés no chão e olhar para o céu.

Em momentos de tanta aflição, uma imagem como essa, com tal simplicidade, ajuda a firmar no que é preciso. O Dr. Odone nos foi indicado pela Dra. Vera, a ginecologista de Thais, desde o começo da nossa luta contra a leucemia. Apesar de não ter feito parte da equipe do hospital, sempre contávamos com seu parecer e apoio durante as etapas mais difíceis, quando tínhamos dúvidas, para uma segunda opinião.

"Muitos pais se culpam por uma situação como essa, mas a maioria dos casos de câncer infantil não tem explicação." Essa frase, também dita por ele, ficou ecoando na minha cabeça. Se um dos maiores especialistas em oncologia infantil disse isso, o que mais eu poderia fazer, a não ser firmar os pés, estender novamente as mãos e pedir aos céus que nos livrassem, mais uma vez, do inexplicável arqui-inimigo que nosso filho, há tanto tempo, confrontava?

Após alguns dias de incertezas e aflições, exames e biópsias, o diagnóstico foi claro: a leucemia havia mesmo retornado.

Como já sabíamos qual seria o procedimento, a Dra. Luciana, que nos atendia no Santa Catarina, encaminhou Theo para o Samaritano, onde a Dra. Adriana já nos aguardava.

Fomos muito bem recebidos. A equipe médica, bastante competente, nos acolheu de diversas formas, e organizaram um grupo no WhatsApp para nos manter informados, nos explicando detalhadamente quais seriam os próximos passos do imenso desafio que ali se iniciava. Se antes os procedimentos apontavam para um tratamento contra o câncer; agora, tudo tinha como fim o transplante de medula.

A data foi marcada: dezembro daquele mesmo ano.

E aquele semestre, que parecia tão calmo, converteu-se em uma nova e intensa jornada.

Mas... e a Handz?

Sim, ela continuava existindo, em todas as suas expressões: delivery e obra, cozinha e empreendimento. Tudoaomesmotempoagora, lembra? Ah, sim, também com uma bebê de seis meses.

Minha primeira providência foi avisar meus novos sócios que, apesar de tudo, o projeto de abrirmos o restaurante em outubro seguia de pé. Nossos planos não seriam interrompidos, e eu daria um jeito de dividir minha atenção, mais uma vez, entre uma obra e o hospital. Se, em 2019, estávamos entre a reforma do nosso novo apartamento e a primeira quarentena de Theo; dessa vez, a mesma dobradinha se apresentava, com suas respectivas variações.

Quer dizer... não era só uma dobradinha. Ainda precisávamos dar conta do delivery que, naquele momento, era praticamente nossa única fonte de renda, já que a minha consultoria com a Eggy já havia chegado ao fim e Thais novamente havia se lançado à imensa tarefa de atender aos nossos filhos, enquanto eu me repartia em múltiplas funções.

Pratos, redes e apoios: de quantos "sins" se faz uma vida?

Como, há tempos, nossa vida pessoal e profissional estavam interligadas, foi inevitável comunicar aos nossos clientes o que havia acontecido. Seria impossível seguir no mesmo ritmo, e parte da demanda teria que ser sacrificada. Por mais heroicos que parecêssemos (ou precisássemos ser), havia um limite para a quantidade de pratos, tanto a preparar quanto a equilibrar.

É maravilhoso o que acontece nesses momentos. É muito forte o apoio que vem dessas redes; o quanto pessoas que nem conhecíamos nos oferecem, por pura solidariedade. A mensagem, que era uma satisfação profissional da nossa parte, acabou mobilizando uma nova rede de apoio, com muita gente nos desejando o melhor.

Em momentos de tanta fragilidade emocional, ficamos também mais sensíveis a atos de solidariedade e bondade. Cada mensagem era como um incentivo, que equilibrava os pratos da nossa balança para um lado de conforto. O que tínhamos que enfrentar era só nosso, mas poder passar por isso cercados de carinho e boas energias fazia toda a diferença.

Nesse sentido, as redes sociais tinham mão dupla: não apenas recebíamos amor, mas também multiplicávamos informação e campanhas. Se isso já havia se tornado uma prática nas redes de apoio internas, entre as famílias da ala oncológica, agora levávamos, a um número cada vez maior de pessoas, as informações que considerávamos ser de utilidade pública: campanhas em prol de medicações gratuitas, doação de sangue e doação de medula estavam entre nossas pautas. Porque, agora, sabíamos na pele a importância de alguém decidir tornar-se doador, seja de medula ou mesmo de sangue. Um ato altruísta, não sem trabalho envolvido, mas que vale muito mais, na consequência que gera, que o suposto inconveniente causado ou tempo empenhado.

Um pequeno desconforto que pode salvar muitas vidas.

Esperançar novamente... mas como?

Eis um ponto importante: até agora, eu trouxe um monte de frases bonitas, de fato muito impactantes, para nós, como pontos de apoio, mas... como sustentar um chão para firmar os pés, quando as pernas insistem em tremer?

É importante dizer: não é fácil viver uma recidiva, que é o nome que se dá quando o câncer retorna, após ter estado em remissão. Se, na primeira internação, havia o baque do susto, tudo ainda era possível. Mas, quando, logo após uma declaração de cura, uma doença retorna... como ter esperança de que esse martírio terá um fim? Como acreditar que esse ciclo não irá se repetir, até que se esgotem os recursos? Como não passar a questionar a vida, Deus, a bondade de todas as coisas, ou aquela crença que sustenta a confiança na Providência Divina, a de que tudo está onde deve estar, mesmo que a gente não compreenda?

Como não passar a ver a vida como uma sucessão de provações exaustivas, onde o papel que nos cabe é apenas esperar o próximo golpe?

Essa visão trágica se instaura automaticamente no nosso imaginário. Quando isso acontece, a "antena" que nos sintoniza com nossa intuição fica confusa, mandando sinais distorcidos, alarmantes, apocalípticos. Já falei um pouco sobre isso lá atrás, sobre esse outro arqui-inimigo que mobiliza nossa imaginação e a intoxica de ingredientes trágicos. Por alguma razão, sou menos submetido a essa visão mórbida que Thais (talvez pelo fato de sua "antena intuitiva" ser muito forte); mas, ainda assim, não completamente imune. Por outro lado, foi graças ao seu olhar de lince que os sinais do retorno da leucemia foram vistos tão rapidamente, naquele dia no banheiro, onde tudo recomeçou. Por mim, teriam passado batido.

Eis o poder da sua intuição.

Mas... quando a atenção posta a todos os detalhes vira uma obsessão; ou, pior, quando achamos que está apenas em nossas mãos o poder de determinar o destino, o que podemos esperar quando as forças nos faltam? Nessa lógica, é impossível não sucumbir ao desespero. Ainda que estivéssemos cobertos por uma excelente equipe, com procedimentos claros — o que ajudava muito a desmembrar um problema complexo em etapas menores, um dos antídotos mais eficientes contra a ansiedade —, a pergunta que nos assombrava era: e se o transplante não der certo?

O jeito era encarar a possibilidade.

Eu já tinha visto que, nos Estados Unidos, havia um outro procedimento bastante complexo, que se apresentava como uma terceira alternativa. O nome é "Terapia por células CAR-T", feita a partir da coleta de células T do sistema imunológico, que são modificadas geneticamente e, depois, reinseridas no organismo, como um exército aliado. Essas células são "reprogramadas", por assim dizer, para reconhecer e combater o tumor. Dessa forma, o próprio organismo do paciente torna-se um tratamento contra o câncer.

Maravilhoso, não é?

O único problema: custa algo na casa de cinco milhões.

Num desses dias de desespero, falei para Thais: "Se precisar, a gente faz uma vaquinha e consegue".

Não sei de onde eu tirei aquela certeza, de verdade, mas não estava falando da boca para fora. Eu já te contei, não desisto de nada. Enquanto há um caminho, há um jeito. E, mesmo que não tivesse rota, eu não ia sossegar enquanto não encontrasse alguma. Essa estranha certeza talvez seja o que muita gente chama de fé. Uma sensação de que, aconteça o que acontecer, estaremos ouvindo instruções sobre o que fazer. Porque não é possível que nos seria dada uma tarefa de tal magnitude sem uma saída, sem uma solução. Nem que para isso tenhamos que procurar em todos os lugares, dentro e fora de nós.

Outra coisa que aprendi: não querer ter o controle de tudo. Isso vale tanto para os negócios como para a vida. Se eu fosse aquele tipo de cara que não larga o osso e fica fissurado no microgerenciamento, não conseguiria estar onde estou hoje, porque não podemos estar em todos os lugares ao mesmo tempo. A pergunta é: tenho para quem delegar essa tarefa? Se a resposta for sim, entrego e confio.

Só conseguimos ver onde tudo vai dar se... soltar! Por mais difícil que seja, é a única forma. Porque, mesmo que não queiramos deixar fluir e confiar na vida, às vezes, é nossa única alternativa.

No caso do transplante, isso era evidente. Eram tantas as variáveis, os "serás", que a única forma de atravessar, mais uma vez, era focar no passo a passo de cada etapa do procedimento. Fazer o melhor na etapa que se apresenta, dedicando 100% da atenção ao que deve ser feito no momento presente.

Aliás, manter-se no presente é a recomendação de muitas filosofias orientais como única garantia de alguma lucidez e até de felicidade. Esperar felicidade já seria um pouco demais, mas lucidez seria muito bem-vinda. Não só para nos soprar os melhores caminhos, mas também para formar um escudo contra as nuvens de morbidez que insistiam em nos afetar.

Quando nos falta o chão, nos seguramos pelos lados. E foi isso o que fizemos, até que o solo, pouco a pouco, foi se firmando. Mais uma vez.

Mãos dadas também na matéria

Agradeço aos meus sócios, por terem confiado na minha capacidade de cumprir nosso combinado. Graças a isso, a Handz não interrompeu o seu destino.

Se eu segui trabalhando, foi em parte pela necessidade, mas também por sentir que aquele empreendimento me nutria. Não apenas financeiramente, mas essencialmente: aquele era meu lugar no mundo e, dali, eu tiraria forças para atravessar o que quer que fosse.

Ou seja, não foi um martírio. E acho essencial fazer essa reflexão aqui, porque muitos relatos de empreendedorismo enaltecem atitudes, como exemplos de heroísmo e superação, mas que são completamente contrárias à vida, ao bem-estar emocional, ao que, de fato, precisaríamos viver. Somos constantemente estimulados a atropelar nossos limites, emoções, vida pessoal, tudo em nome de um sucesso; para, depois, exibir tais sacrifícios no altar dos mais aptos.

Não, não foi isso que aconteceu comigo. Se eu continuei tocando um novo empreendimento naquele momento tão difícil, é porque aquilo me dava forças.

Também é importantíssimo dizer que isso só foi possível, mais uma vez, porque havia uma rede de apoio, cuidando de Theo e de Eva, durante minhas ausências. Especialmente Thais, que, uma vez mais, adiou o momento de retornar ao seu trabalho (necessário não apenas financeiramente, mas para expressar-se no mundo além da "faceta mãe"). E também nossos familiares, amigas e amigos — que nunca deixaram de nos apoiar.

Nesse período, entre a notícia da recidiva e a abertura da Handz, contamos, inclusive, com apoio financeiro. Uma amiga, Ana Flavia Zagatti, resolveu, por conta própria, mobilizar toda a Zona Norte para uma vaquinha em prol do nosso sustento, naquela fase em que era extremamente difícil acompanhar todos os eventos que se colocavam à mesa: a internação, as obras do restaurante (estas, financiadas pelos sócios, porque eu não tinha um real sequer para aportar) e ainda atender às demandas do delivery da Handz.

Apesar de ter ficado tocado, confesso que, para mim, foi muito difícil aceitar o montante. Não por orgulho, mas por ética: como explicar para aquele monte de apoiadores que a tal "família em difícil situação" estaria inaugurando um restaurante dali a dois meses?

Como conciliar a imagem de "proprietário da Handz" com a do "pai de família que precisa de uma ação entre amigos para segurar a onda do mês"? Consegue entender a dificuldade?

Agora me diz: era uma dificuldade real ou apenas fruto de um estilo de vida insano, que nos separa em rótulos? Por que eu não poderia ser o que, de fato, era — um empresário prestes a abrir seu restaurante, mas passando por um período extremamente desafiador, quando seria muito bem-vinda aquela ajuda financeira (mas ela não seria, de forma alguma, um sinal de que eu estaria enganando as pessoas que contribuíram)?

O problema estava nos fatos ou na interpretação? Do que vive nossa imagem nas redes sociais? Eis a questão.

Parece estranho dizer que, com tudo aquilo acontecendo com Theo, era esse o dilema que eu experimentava. Mas meu compromisso aqui é falar de cada passo ou encruzilhada, porque é justamente nesses momentos que podemos colocar tudo a perder.

Conversando com Raphael, meu irmão e grande amigo, ele me aconselhou a aceitar. Ainda assim, mandei para nossa amiga um áudio, deixando claro o que estava prestes a acontecer (que dali a um mês nossas redes sociais estariam anunciando a inauguração de um restaurante). E que, se havia algum recurso nosso empenhado nele, era nossa reputação, nossa construção da Handz e muito, muito trabalho.

Evidentemente, isso era mais importante para mim do que para ela. Mas serviu para que eu integrasse mundos que ainda estavam divididos dentro de mim. E também, é claro, para afirmar minha ética pessoal; isso, sim, bastante importante, especialmente nos dias de hoje.

Resolvido o assunto, aceitamos de bom grado o valor arrecadado pela campanha.

(O que, de fato, foi essencial para atravessarmos aqueles próximos meses com um pouco mais de respiro financeiro.)

Mais gente chegando

Outra pessoa muito querida que chegou às nossas vidas naquele momento foi Daiane Meneses, a Dai, que veio nos apoiar nos cuidados com Eva.

Graças a Deus, nossa filha se desenvolvia tranquilamente. Ainda assim, era um bebê já bastante ativo, que, como todo ser humano nessa idade, demandava sua atenção. Mesmo com todo o apoio familiar que recebíamos da mãe de Thais, naquele semestre, precisamos de mais braços ativos.

Assim como aconteceu quando Thais foi ao encontro de tia Lu, sua "antena", mais uma vez, ativou a sintonia. Ela sabia que a pessoa certa apareceria, mesmo sem saber de onde. E, é claro, facilitou que isso acontecesse, pedindo indicações.

Eis que surge Dai em nossas vidas, indicada pela mesma amiga que nos apoiou, levantando recursos com a vaquinha. Daiane trabalhava para uma família, conhecida de Ana Flavia, que iria se mudar para os Estados Unidos. E gostaria justamente de indicá-la a alguém, para que ela não ficasse sem trabalho. *Match* perfeito.

Dai não apenas nos ajudou muito nos cuidados com Eva, como também ficamos muito próximos. Ao presenciar tão intimamente nossa situação familiar, ela disse, um dia, ter aprendido com a gente o poder da escuta. E que, quando passou a aplicar o que percebeu na sua própria casa, com a sua família, sentiu muitas mudanças.

Esses são os encontros que valem a pena. Parecem marcados no tempo, para que todos cresçam.

Adeus aos super-heróis

Em um relato como esse, precisamos falar de algumas dores. E de impotências.

Como se já não bastassem todas as demandas externas, todos os desafios, há coisas que parecem até menores, mas têm o poder de nos quebrar. Como o olhar de decepção direcionado a nós, justamente pelo nosso filho.

A notícia do retorno da leucemia foi, também para ele, um baque. Poucos meses antes de completar seis anos, Theo já não era mais uma criancinha inocente que conseguia ver ludicidade nas mínimas coisas. Na verdade, desde sua primeira internação por bronquiolite, ele já tinha vivido dois terços da sua vida lutando contra bactérias, vírus e células cancerígenas. Também significava que ele já via as coisas de modo diferente. Se, no começo daquela jornada, muitas coisas eram mais leves — e nossa presença e abraço eram suficientes para um acolhimento —, agora ele nos trazia muitos questionamentos.

Por que a leucemia havia voltado?

Já não tínhamos celebrado, com ele, o fim daquele tormento?

Por que voltar à intensa rotina de exames, acessos, agulhas e testes? Por que não poderia voltar à tão prometida escola? Por quê? Por quê? Por quê?

— Por que vocês mentiram para mim?

Foi essa a pergunta mais dolorosa de ouvir. Não apenas porque, através dela, eu me senti transformado de herói em vilão, mas porque era essa mesma pergunta que, nos momentos em que a dúvida entrava em nosso coração, também fazíamos à vida.

Diante de tantas frustrações, nada poderíamos fazer além de conversar e mostrar a ele que a cura tão esperada não era uma falsa promessa, mas uma sincera esperança.

Mas... a verdade mesmo, só o tempo nos traria. E se, para nós, era tão difícil lidar com a incerteza, como poderíamos cobrar essa atitude de um menino?

Acompanhar Theo em seus tantos porquês nos forçava a ultrapassar nossas dúvidas. Ou, se fosse impossível, ao menos poderíamos acolher.

Mirella ainda o acompanhava na terapia e, como percebemos, era melhor que ele verbalizasse seus sentimentos. Ainda que muitas vezes eles ressoassem em nós e precisássemos chorar junto.

Junto: eis a palavra mágica

E ela não se restringia somente à nossa família, mas também era válida em vários âmbitos, frequentados devido à condição de Theo.

Acompanhamos, nos hospitais e no GRAAC, dezenas de vidas como as nossas, muitas vezes em situações muito mais difíceis. Eis um mundo com atmosfera própria, no qual aprendemos a falar um idioma comum: o da empatia e da solidariedade.

Sempre fizemos todo o possível, com nossa influência, para ampliar o leque de possibilidades para o maior número de pessoas possível. Campanhas por mais remédios essenciais distribuídos pelo SUS, campanhas de doação de sangue, de medula... precisávamos ampliar, para além da rede interessada, o alcance das informações. Quantas pessoas poderiam ser doadoras e não o fazem por puro desconhecimento da importância que um ato como esse tem para uma vida humana?

A procura por doadores compatíveis é praticamente uma busca do Santo Graal. Nós, os familiares, podemos ser doadores, mas a probabilidade de compatibilidade é de apenas 50%. Por mais otimista que eu seja, fica difícil não olhar para a metade vazia do copo, ainda mais sendo o transplante nossa última alternativa viável. Portanto, a existência de doadores que possam garantir uma porcentagem maior de aceitação significa, basicamente, mais vidas salvas.

Agora, faça a conta: quanto mais gente doando, mais possibilidade de que esse número cresça, certo?

Por isso, de tempos em tempos, Thais e eu disponibilizávamos as nossas redes sociais para campanhas de conscientização. Ser alguém que se dispõe a doar a medula é um ato altruísta. Uma escolha que, se multiplicada, pode ser a razão da felicidade de muitas e muitas pessoas. Contribuir para que o número de doadores aumentasse me dava forças, porque sabíamos que não era uma causa individual. E se, nessa rede, dividíamos nossas aflições e temores, também partilhávamos nossa esperança e celebrávamos cada conquista.

Honro, hoje e sempre, as tantas crianças e famílias que conheci ao longo desse processo. E trabalho, constantemente, para que todas as pessoas possam ter acesso ao que necessitam. Se parte da cura dessa doença não cabe a nós, pois depende de como cada organismo responderá aos tratamentos, ao menos a parte que estava em minhas mãos eu fiz. Fiz e continuo fazendo, sempre que possível.

Coletivizar o que geralmente vemos como um problema individual nos fortalece. Ao contrário do que o individualismo nos prega, de que temos que "cuidar do nosso para não faltar", é quando nos ampliamos à causa comum que conseguimos ter ar.

Uma mão levanta a outra.

Às vezes, somos nós a puxar o ânimo. Em outras, somos resgatados.

Um super-herói, quando está sozinho, pode ser arremessado, morto, liquidado. Um conjunto composto pela soma da vontade humana, na direção de um ideal em harmonia, consegue mover montanhas.

Ou, ao menos, viver mais um dia sem sucumbir ao desalento.

Até que a história chegue aonde tinha que ir.

Uma grande alegria em um semestre tão difícil

Os momentos de celebração e alegria são nossos antídotos. E é por isso que, mesmo em situações de tanta aflição, em vez de "congelar", eu disse sim às demandas da vida. Porque, eventualmente, a energia que precisamos para enfrentar os desafios de um campo vem de outro.

O trabalho — ao menos para mim — sempre foi uma ótima fonte de nutrição. Por isso, além de acompanhar, junto à Thais, todos os procedimentos rumo ao transplante, também segui me dedicando a todos os detalhes necessários para a abertura do primeiro restaurante físico da Handz, na Casa Verde.

E eram muitos.

Não precisaríamos apenas da estrutura física adequada; era necessário, especialmente, poder contar com uma equipe de confiança e fazer um bom treinamento. Era essencial, desde a inauguração, contarmos com um time completo, para que nossa estreia não deixasse nada a desejar. Não poderíamos ter, de forma alguma, clientes ansiosos à mesa, esperando tempo demais pelo seu prato, ou filas de espera, por motivos de falha de previsão, falta de pessoal, falta de entrosamento ou inexperiência. Aquele era um momento crucial e não poderíamos "queimar a largada" por qualquer economia ou desatenção.

Um dos meus pontos de apoio, nesse momento, foi Agatha Pinheiro. Nos conhecemos na época em que eu administrava a Tartuferia San Paolo e sempre admirei sua postura profissional. Na ocasião em que entrei em contato, ela estava a ponto de desistir da carreira na gastronomia — não por falta de competência, mas por se tratar de um meio muito sujeito a pressões – muitas delas, insalubres. Contudo, tivemos uma ótima conversa, em que Agatha se sentiu bastante à vontade para construirmos juntos um estilo de gerência saudável.

O engraçado é que, tempos depois, ao se lembrar desse encontro, ela me contou que a expressão do meu rosto, que deveria estar péssima, foi definidora. Ao ver minhas olheiras do tamanho do Himalaia, ela pensou: "Preciso fazer alguma coisa por esse cara!".

Em relação ao cardápio, segui na mesma linha que já vinha desenvolvendo com o delivery: o simples bem feito, com bons ingredientes e aquele gostinho de comida caseira, com base na culinária italiana. Assim foi com todas as escolhas: cuidamos de todos os detalhes para que nossa casa física fizesse jus ao que já vínhamos construindo desde sua fundação.

No dia 15 de outubro de 2021, um dia antes de Theo completar seus seis anos de vida, inauguramos nosso restaurante. A Handz, oficialmente, abria suas portas em São Paulo, Zona Norte, na Casa Verde. Foi um imenso sucesso.

Não digo isso "apenas" por termos a casa cheia, uma equipe que segurou as pontas e uma confirmação de que a Handz tinha vindo para ficar.

Houve algo além de tudo isso: muito, mas *muito* afeto envolvido.

Foi maravilhoso ver ali, presencialmente, muitos clientes que só nos conheciam pelas redes sociais, por pedidos virtuais. Muitos fizeram questão de nos conhecer pessoalmente, pois se sentiram muito cuidados, nos tempos da pandemia. Chegavam e se apresentavam, diziam quais pedidos costumavam fazer, como se fôssemos íntimos conhecidos, como se fossem aqueles clientes fiéis que conhecemos pelo nome. De certa maneira, era assim mesmo.

Outros que nos prestigiaram nos conheciam não apenas como um restaurante familiar, mas também como a família de Theo. "Estamos sempre rezando por ele!", ouvimos de muitas pessoas. Recebemos muito amor e carinho, e pudemos perceber o quanto a torcida para que o transplante desse certo aumentava dia a dia. Para mim, foi como um oásis.

Estávamos tão perto e tão longe de dezembro, a data limite para o transplante. Nada era certo, ainda não tínhamos quem nos doasse a medula, mas, pelo menos, ali, naquele dia, nos permitimos celebrar. Alimentamos nossa rede, devolvendo, a cada pessoa, um carinho na forma de prato. E nutrimos nossas almas com todo o afeto que recebemos.

Se o futuro era incerto, o presente, ao menos, me trazia uma certeza: era aquele o lugar onde eu deveria estar naquele momento.

E era muito bom de viver.

Novembro abençoado

Chegamos, enfim, a uma data a ser celebrar pelo resto de nossas vidas: no dia 6 de novembro de 2021, recebemos a notícia de que havia sido encontrado um doador de medula para Theo... 99% compatível!

99%. 99%. 99%. Eu poderia fazer uma música com esses números!

Fogos de artifício no ar.

Mas... antes de abrir a garrafa de champanhe... restava saber se o doador encontrado ainda estaria disponível. Muitas pessoas que se cadastram, às vezes, o fazem anos antes de serem chamadas; e, por diversas razões, pode ser que a doação não seja mais viável. Como quem controla esse sistema é o REDOME (Registro Brasileiro de Doadores Voluntários de Medula Óssea, regulado pelo Instituto Nacional de Câncer e pertencente ao Ministério da Saúde), não poderíamos ter acesso aos dados, por questões de segurança.

Então, só nos restava esperar a confirmação de que estaria tudo certo para o grande momento. Até lá, seguiríamos, disciplinadamente, com todo o tratamento. Muitos e muitos exames, quase diários, às vezes acompanhados pela nossa pequena Eva, que, assim como Theo, teve que aprender a brincar no hospital.

Mas o importante é que tínhamos data para que aquela etapa se encerrasse. E um possível doador. Frio na barriga, calor no peito.

(Haja coração...)

Enquanto isso, a Handz crescia. Não houve um só dia de casa vazia, desde a inauguração. Para nossa alegria — e também a de nossos sócios —, nosso negócio prosperava, o boca a boca crescia e a Zona Norte prestigiava nosso empreendimento com um sentimento de gratidão pelo que consideravam um excelente serviço na região.

"Agora não precisamos mais cruzar a ponte para comer um prato como esse!", muitos nos falavam.

Quem vive em São Paulo sabe o que isso significa: ganhar tempo de vida e o prazer de ter, perto de casa, um restaurante para chamar de seu.

Era tudo o que eu sonhava, desde o fechamento do Barê: um local que, quanto mais se frequenta, melhor fica. Um lugar aonde se vai não apenas por ser novidade, mas por criar memória, momentos felizes, tradição. E eu faria de tudo para que a experiência de nossos clientes continuasse sendo maravilhosa.

Thais, mais uma vez, arrasou na assessoria de imprensa. Eu também mandei as boas-novas para todos os meus contatos, sem vergonha nenhuma, no bom estilo "o *não* eu já tenho".

Recebemos o apoio de várias pessoas influentes, como Patrícia Ferraz, jornalista especializada em gastronomia e colunista do Estadão, e Arnaldo Lorencato, da Veja São Paulo. Com isso, a casa nova da Handz foi aprofundando raízes na terra, regada, diariamente, por uma aura de prosperidade.

Evidentemente, ainda havia muito a aprimorar. Muitos de nossos clientes foram, também, os primeiros críticos, apontando as melhorias que deveríamos fazer, seja ao vivo, nos seus momentos à mesa, seja em mensagens pelas redes sociais. Essa última fonte tem que passar por filtros de discernimento — pois qualquer pessoa com um celular na mão pode se converter em superespecialista delirante —, mas sempre colhíamos os sinceros feedbacks como ingredientes essenciais para o nosso crescimento, ainda que pudessem ser amargos ao paladar. A escuta aberta e reflexiva é, também, uma forma de parceria.

Se queremos crescer, precisamos aprender a lidar com pessoas e a melhor maneira de nos comunicar. Isso vale tanto para clientes como para funcionários, fornecedores e colaboradores. Entender as emoções que movem as palavras, os desejos, as solicitações, as faltas e a suposta incompetência.

O tão sonhado engajamento, palavra tão incensada nas redes, vem da troca, de escutar o que existe do lado de lá da conversa. De degustar, sinceramente, o que vem da outra pessoa — seja agradável ou não. Nem sempre podemos escolher o prato que nos é servido, mas podemos trabalhar nossa química interna para que, ao menos, na digestão, ele nos alimente de alguma forma.

Ser um chef é buscar conhecer todos os sabores e ousar criar misturas antes impensáveis. Para isso, a vida nos convida a estarmos abertos, disponíveis e até vulneráveis. Para o que der e vier. Assim, muita coisa boa também vem.

As bênçãos que vêm junto de convocatórias

Lembra da Oração da Serenidade? Aceitar o que não podemos mudar e ter coragem para agir quando podemos (e precisamos)? Pois é.

Como se já não bastasse tudo o que estávamos enfrentando, mesmo recebendo a melhor notícia de todos os tempos (a de que havia um doador compatível), tivemos que lidar com desafios bem concretos para que o transplante realmente pudesse acontecer. O primeiro deles: a verba para transplante disponível pelo SUS havia acabado.

Apenas isso.

Mais uma vez, fomos salvos por mãos estendidas. Por influência da nossa médica, conseguimos a autorização para o transplante. Mesmo que tudo tenha sido feito às claras, sabemos que isso só aconteceu devido a um privilégio. O que deveria ser direito de todos, infelizmente, nem sempre é o que acontece.

Isso se deu não apenas antes do transplante, mas também quando foi necessário ministrar uma medicação caríssima, que também não era coberta pelo SUS. Para que isso acontecesse — não apenas para nós, mas para todo o Brasil —, fizemos bombar a campanha de assinaturas que foi definidora para que o medicamento passasse a ser disponibilizado pelo sistema público de saúde. Com o apoio de nossas redes sociais, garantimos que esse fosse mais um direito adquirido.

Uma vitória entre tantas batalhas, mas que deve ser celebrada, pois é responsável por muitas vidas salvas.

Enquanto isso, na Sala de Justiça...

Além das lutas pela garantia dos direitos coletivos, tivemos que travar mais algumas batalhas contra os planos de saúde privados. Infelizmente, mais uma vez, tivemos que lidar com aquelas "letrinhas miúdas" do contrato, aquelas que nem constavam no momento da assinatura e só aparecem quando você precisa, com toda urgência, daquele serviço. O que aconteceu dessa vez?

Apesar de o plano cobrir o tratamento no Hospital Samaritano, onde estava nossa equipe de confiança, *no caso de transplante* isso não aconteceria.

Não vou entrar nos detalhes, mas você pode imaginar o que significou, a essa altura do campeonato, com tudo o que tínhamos na cabeça e em cada célula do nosso corpo, ter que lidar com isso mais uma vez. Felizmente, conseguimos na justiça uma liminar a nosso favor. E, então, nosso plano original pôde seguir até o fim.

Haja super-heróis para tanta luta!

É muito triste termos que batalhar pelo que deveria ser direito básico. No setor público, nem se fala; no privado, prefiro não comentar. A palavra saúde não deveria, em hipótese alguma, estar depois da palavra dinheiro.

E, antes que me caia sobre a cabeça a frase "mas, Rodrigo, é assim que as coisas são...", eu afirmo: as coisas não são de uma maneira ou de outra, mas sim o resultado do que conseguimos construir com o poder da nossa vontade e das nossas ações.

Mesmo tendo plena consciência das mudanças que conseguimos devido à nossa realidade privilegiada (muitas pessoas que brigam tanto *ou mais* que a gente não conseguem os mesmos resultados, não por falta de empenho, mas por desigualdade, racismo e injustiça social), sempre buscamos fazer da nossa causa a de muita gente. E, por mais que haja limites para o que conseguimos conquistar, temos a alegria de saber que muitos passos foram dados — muito aquém do necessário, mas além do que já tinha sido trilhado.

Se eu pensasse apenas na minha causa individual, a raiva e o sentido de injustiça poderiam ser tão grandes que nossa energia para mudar as coisas talvez fosse minada. Colocar toda a indignação em uma direção de ganhos coletivos não apenas nos deu força para atravessar mais essa batalha, como também nos alimentou, através das conquistas consolidadas.

São os mesmos ingredientes, mas o prato degustado pode mudar consideravelmente.

Enfim, o transplante

Notícia maravilhosa: doador de medula confirmado com sucesso!

A vontade de conhecer a pessoa era imensa, mas isso só seria possível dois anos após o transplante. Há razões razoáveis para esse procedimento, e nós as compreendemos. A única coisa que sabíamos era que essa pessoa não vivia em São Paulo, o que tornava ainda maior seu ato. Teria que se deslocar uma longa distância, doando também seu tempo. Mesmo sem saber quem era nosso salvador, agradecemos profundamente, imaginando seu rosto e o tamanho do seu coração.

Doador conectado, começaram os preparativos para o transplante, marcado para o dia 21 de dezembro.

21/12/21, uma data curiosa.

A internação não era nada simples e começaria vários dias antes da cirurgia. Theo entrou no hospital no dia 17 de dezembro e, com ele, nossa esperança.

Apesar de tudo estar correndo bem, havíamos sido muito bem informados sobre tudo o que aconteceria após o transplante. Deveríamos estar preparados para iniciar uma terceira jornada. Não era o fim da nossa batalha.

Entre nós, nomeamos essa jornada de "viagem da cura". Usamos esse termo porque, diferentemente da outra vez, pudemos arrumar as malas e nos "preparar" para intensos trinta dias de internação... Uma viagem da qual voltaríamos diferentes, com o Theo curado.

Como imagino que muita gente nunca tenha ouvido falar sobre isso, vou tentar resumir as principais informações sobre o que acontece após o transplante. Há um período bastante delicado, que gira em torno do primeiro mês — mais especificamente, nos primeiros dezoito dias —, conhecido como a "pega da medula", que é quando o corpo "aceita" a doação, ocasionando uma mudança no organismo. Isso acontece quando um indicador bastante preciso, a contagem dos leucócitos, atinge a meta. O número? Mil.

Até que esse dia chegue, é um período muito tenso. O corpo, bastante fragilizado, está em uma fase de transição. Após a "pega", considera-se, inclusive, que essa é uma nova data de nascimento, tamanha a simbologia que esse momento carrega.

Para amenizar a tensão, a equipe médica costuma fazer um bolão. "Qual será o dia da pega da medula?"

Esses pequenos jogos equilibram um pouco a gente, porque dezoito dias podem parecer dezoito anos. É um momento muito esperado, não só por ser um indicador do sucesso, mas porque, uma vez que a medula pega, tudo fica melhor.

Só que a coisa não para por aí.

Fazer um transplante é praticamente mergulhar em um mundo de novos procedimentos, que incluem novas doenças. Sim, doenças.

E, por incrível que pareça, são bem-vindas, por se tratar de indicadores de que o organismo tratado está se adaptando à medula recebida. Mas isso não se faz sem muitos conflitos, e esse campo de batalha em que o corpo se converte gera o que chamam de "doença de enxerto contra o hospedeiro" ou DECH. Dermatites, problemas nos olhos, no intestino, são muitas as possibilidades.

Então, era importante estarmos bem informados, para saber o que ainda nos esperava. Se, por um lado, com tudo certo, deixaríamos para trás o universo da oncologia, novos desafios se desenhariam no nosso futuro, especialmente naquele primeiro ano. O que, pela data, coincidia também com o ano novo.

Assim, no dia 8 de janeiro de 2022, tivemos a alegria de celebrar a famosa "pega da medula". Theo nascia de novo, para nossa felicidade.

Cinco dias depois, no dia 13 de janeiro, teve alta do hospital e, a partir do dia 20, pôde tirar a sonda e comer normalmente. Só não poderia ainda voltar às aulas presenciais; mas o que era isso, diante de tudo o que tivemos que enfrentar?

Um pouco mais de três anos depois daquele fatídico dia em que recebemos o diagnóstico de leucemia, aparentemente estaríamos deixando aquele cenário para trás. Sabíamos que aquele ano não seria fácil. Mas, ao menos, poderíamos celebrar mais aquela conquista.

Feliz 2022: degustando um novo horizonte

Tudo correu conforme o esperado. O momento demandava muita atenção, mas aos poucos Theo foi se reestabelecendo.

Estávamos tão animados que ousamos organizar uma viagem para a Disney.

"O quê?", você deve estar se perguntando. Sim, é exatamente isso.

Durante o tratamento, muitas vezes, em momentos difíceis, essa foi uma promessa lançada ao futuro: "Um dia você estará bem melhor, e nós iremos para a Disney". Sentimos que o ano seria aquele, e programamos essa viagem para o segundo semestre.

Antes dela, em maio, vivemos outra aventura, um pouco mais perto: juntamente com os pais de Thais, fomos à praia, na Riviera de São Lourenço, em São Paulo. Uma viagem bastante corriqueira para muita gente; mas, para nós, era como uma grande conquista. O corpo ao ar livre, sem medo.

Foi muito comovente ver nossos filhos entrando no mar pela primeira vez. Eva, com um ano e três meses; Theo, com quase sete.

Não consigo explicar a emoção de vê-los ali, com os pezinhos molhados, celebrando a existência. Meu Deus! Por mais que eu sempre tenha confiado, quando a gente consegue viver de verdade, no presente, o que nosso coração tanto ansiou, é um momento que vale ouro.

Eu registrei aquelas imagens com todas as minhas forças. Porque, se a vida é desafiadora, é também esplêndida. E são instantes como aquele que criam as pontes que nos ajudam a atravessar os momentos difíceis.

As ondas lavaram a alma.
Enfim, o sol. E um limpo horizonte.

E a Handz?

Seguia firme e forte. Mais que isso, o destino ainda nos trouxe novos planos, e a oportunidade veio através de Theo. Mas, dessa vez, não foi nada relacionado a doenças, e sim ao esporte.

Theo já estava praticando tênis, e seu professor, Ernesto Junior, proprietário da PlayTennis em Santana, era nosso cliente no restaurante. Em uma ocasião em que fora degustar nosso cardápio, levou com ele um amigo e sócio, Eduardo Azevedo. E foi aí que nosso horizonte se expandiu.

Eduardo tinha um ponto no Itaim que gostaria de revigorar, e fez a proposta de levarmos uma filial da Handz para lá. Ou seja, em menos de um ano, não surgiu apenas um restaurante, mas dois, como oportunidades. Um em cada ponta da cidade. Era, no mínimo, curioso que, depois de enraizarmos na Zona Norte, a Zona Sul de São Paulo acenasse para nós.

Por que não?, foi o que pensei.

Comuniquei a oportunidade aos meus sócios e eles toparam a expansão.

E uma nova fase se iniciou; dessa vez, do outro lado da Pauliceia.

Fomos até o Itaim para ver o que seria necessário fazer. Para adequar o estabelecimento anterior às necessidades da Handz demandaria investimento e, dessa vez, tivemos que fazer um financiamento no banco. Apesar dessa escolha conter sempre um risco, nossa primeira unidade na Casa Verde já demonstrava sinais de lucro, o que nos dava a segurança de que o conceito desenvolvido para a Handz era próspero. A junção de um ambiente sofisticado — no que se refere à qualidade do ambiente e dos ingredientes — com uma culinária que remete aos almoços em família, à comida do dia a dia, ao alimento simples e feito com cuidado, deu muito certo. E estávamos confiantes de que a Zona Sul, apesar de ter características distintas, também nos abraçaria.

Planejamos nossa nova inauguração para setembro daquele mesmo ano.

E, assim, mais uma reforma demandou espaço na minha agenda, além de tudo o que você já sabe.

Nasce um novo projeto e aterra-se um novo sonho

Nossos empreendimentos familiares não se restringiam apenas aos restaurantes. Com o sucesso do transplante, Thais e eu sentimos que era chegada a hora de ela ter seu próprio estúdio de cerâmica.

A simbologia desse processo não é pouca coisa. Para mim, que sempre sou a primeira testemunha do talento, da paixão e dos resultados da arte da Thais, é como outro sonho realizado, agora vivido através dela. Assim como vejo o carinho que ela derrama em cada peça que produz, também percebo cada momento de dúvida diante de um empreendimento tão autoral.

Assim como ela me apoiou na materialização da Handz, eu também, nessas horas, sirvo de esteio. Cada vez que Thais se sentiu tentada a retornar à sua carreira na publicidade — o que claramente ela não queria mais, mas considerava, por segurança financeira —, eu dizia: "Você está muito perto de conseguir! Não dê um passo para trás! A gente dá um jeito!".

Nunca foram apenas palavras de incentivo. Sinceramente, nunca duvidei da sua vocação, e dedico a ela a mesma verve com a qual construí tudo em minha vida: enquanto não vir realizado o que acho que tem que acontecer, não desisto.

E, mesmo nesse caso, quando a concretização da ação e o brilho criativo cabem a ela, procuro não arredar o pé do papel que me cabe: livrar nosso futuro de todas as inseguranças e apoiar o que nos deixa felizes e vivos.

Em outubro, a viagem para a Disney tornou-se realidade. Como se isso fosse pouco, ainda contamos com o apoio logístico da família para a qual Dai trabalhava antes de chegar às nossas vidas, e que estava justamente vivendo nos Estados Unidos. Mais um elo tecido em nossa rede; mais uma alegria em nossas vidas.

Essa viagem foi um capítulo à parte, e só não vou me estender em detalhes porque as nossas férias no parque não são o foco deste relato. Apenas digo que, depois de tudo o que passamos, ver nosso filho completando seu primeiro setênio e realizando aquele sonho era o mais fantástico dos mundos. Melhor do que qualquer espaço daquele parque, melhor que os fogos de artifício que iluminam o castelo das nossas infâncias, foi ver aquela promessa cumprida. Porque, se estávamos ali, essa era uma prova de que Theo havia sobrevivido a muita coisa. Muita coisa mesmo!

Passamos nosso último dia em um parque aquático, e essa é, ainda hoje, uma das suas memórias mais felizes. Os sorrisos que não deixaram o rosto do nosso filho naquele dia nos trouxeram um alívio, mostrando que, em seu coração, a esperança e a fé também encontraram lugar novamente.

Pousando de volta, abrindo o futuro

Aterrissamos novamente no Brasil e, quinze dias depois, enraizamos na Zona Sul. Dessa vez, no meio do burburinho do Itaim. O conceito era o mesmo da Casa Verde, com o acréscimo de uma novidade: um cardápio de pizzas.

Apesar de tudo o que significa abrir um segundo restaurante (lembrando que isso aconteceu pouco mais de um ano após a abertura da primeira unidade), tive a alegria de poder contar, nesse momento, com antigas parcerias.

Paulo Sabino, que esteve comigo desde o Barê, agora retornava à casa (o que só não havia acontecido na Zona Norte por uma questão de distância). Agatha Pinheiro, que já estava realizando um excelente trabalho na Casa Verde, também incorporou a Handz

Itaim no seu guarda-chuva, tornando-se coordenadora das duas unidades. Da Casa Verde também veio Franco Dávila, que se destacou como cozinheiro e, agora, no Itaim, seria meu subchefe.

Com nosso time bem estruturado e treinado, nos lançamos ao novo jogo.

No dia 22 de novembro de 2022, em plena Copa do Mundo, nasceu a Handz do Itaim.

Sim, em plena Copa do Mundo. Isso não é apenas uma curiosidade histórica, no caso de um restaurante.

Com uma característica bem distinta do nosso restaurante na Zona Norte, a unidade do Itaim atendia especialmente às pessoas que trabalham nas muitas empresas da região. Ou seja, nossa demanda era muito influenciada por dias de jogo, com meio expediente (ou nenhum), e ficava bem aquém do esperado.

Para completar, a "Copa fora de hora" acabou praticamente emendando com o final do ano, que também impõe um ritmo muito diferente do usual, culminando com férias coletivas para as festas e o começo de janeiro, quando a região geralmente fica muito mais esvaziada.

Em síntese, abrimos porque tínhamos que abrir e marcar nossa presença, mas não com todos os ventos a favor. Por outro lado, isso nos deu uma oportunidade de ganhar experiência a respeito das demandas específicas do lugar.

Por mais que a Handz fosse a mesma, a clientela não era, e muito menos suas necessidades ou a dinâmica das refeições. Um restaurante que presta um serviço de almoço executivo precisa estar preparado para os "picos" do horário, quando absolutamente todos saem ao mesmo tempo para almoçar — e têm hora para voltar. Ou seja, ficar esperando na fila ou na mesa era praticamente um convite para nunca mais voltar.

Apesar de todo nosso preparo, é claro que problemas aconteceram. O que, na teoria, parece fácil; na prática, se aprende. E, em alguns dias, por forças além da nossa vontade, clientes saíram insatisfeitos. Nesses casos, é necessário minimizar os danos. Todas as pessoas que não puderam ter suas necessidades atendidas saíram com um voucher para uma próxima refeição, como uma consideração ao inconveniente causado.

Sim, problemas acontecem. E como lidamos com eles é o que faz toda a diferença para despertar empatia ou irritação. Por mais que não pudéssemos controlar totalmente o que a outra pessoa sentia, fizemos tudo o que estava em nossas mãos. E, passo a passo, fomos aprendendo.

Hoje em dia, em uma janela de uma hora e meia, conseguimos servir, em média, cento e oitenta almoços, o que não é pouca coisa. Isso exige muita logística e organização.

Outras estratégias que nos ajudaram a chamar um público inicial foi termos espaço para montar mesas grandes — muito desejáveis para as famosas confraternizações de final de ano, que tendem a reunir grupos maiores — e algumas parcerias que tecemos com empresas sediadas na região, oferecendo descontos aos funcionários.

Tudo isso foi construindo nossos primeiros passos em uma região tão diferente da que começamos, com suas particularidades, ritmos e concorrências específicas. Como sempre, tudo demandava trabalho e ajustes rápidos, mas, à medida que íamos encontrando respostas para os problemas que se apresentavam, fomos nos consolidando.

Após o carnaval do ano seguinte, quando a rotina do país assume um ritmo mais constante, conseguimos entender como seria nosso dia a dia no Itaim. A essa altura, já estávamos mais familiarizados em atender às particularidades da região e em gerir os dois restaurantes. Por mais que eu já tivesse essa experiência em múltiplas gestões, por conta do meu trabalho na Tartuferia San Paolo, quando você precisa ser sócio-proprietário, chef e gestor, a coisa muda de figura.

É importante dizer que só foi possível experimentar, com sucesso, esse crescimento porque eu aprendi a delegar funções. Montar um time bem afinado, criar procedimentos práticos e bem claros e, depois, entregar a execução. Para mim, essa confiança é essencial, porque nosso tempo é limitado, e não podemos dar conta de todos os detalhes. Por isso, é tão importante tecer parcerias com pessoas que, além de honestas, se sintam parte da construção.

Confesso que isso é bem desafiador, pelo menos na cena da gastronomia. Há uma rotatividade grande de profissionais, e precisamos estar constantemente treinando novas equipes. Encontrar pessoas que entendam perfeitamente o que precisa ser feito e fazer, por mais óbvio que pareça, não é fácil — e disso depende o sucesso de um estabelecimento.

Da minha parte, dos cardápios aos procedimentos, sempre busquei a simplicidade. Nada, na Handz, é excessivamente "autoral", pelo menos não no sentido da minha presença ser imprescindível. Não que tenha sido sempre assim (o período de delivery que o diga!), mas, desde que idealizei a expansão da Handz, sempre a imaginei dessa forma: com autonomia de processos e equipes. Sem isso, a alegria de expandir pode se tornar um tormento.

A armadilha dos microgerenciamentos, feitos sob o disfarce da impecabilidade, é movida por insegurança. É a dificuldade de experimentar o fato de que, ao soltar as cordas do mundo, ele gira independentemente da nossa presença.

Evidentemente, há um limite. Mas essa mudança de papéis, que se expressa na saída da função executiva para a administrativa, é um aprendizado essencial. É claro que, em diversos momentos, quero estar presente — eventualmente até na execução de um prato. Mas a Handz não depende disso para sua autonomia.

Não sei se por força da necessidade — visto que sempre equilibrei muitas demandas ao mesmo tempo em minha vida — ou se porque essa postura já é parte da minha essência, mas foi assim que conseguimos expandir: soltando o que pode ser solto, com atenção ao que deve ser visto, mas sempre confiando.

Uma vez mais, as mãos dadas, possibilitando novos futuros.

Ao final desse ano de "descanso", em que pudemos respirar e até viajar sem intercorrências tão graves, o coração de Theo estava pronto para deixar sair um pouco mais da sua raiva e da sua dor.

Em uma importante sessão com Mirella, ele pediu para resgatar do armário seu pobre boneco do Ben 10, tão "malhado" durante as sessões anteriores e, depois, guardado no fundo de suas memórias. Juntou seus pedaços e o colocou em uma caixinha, onde escreveu em todas as laterais: "Tristeza".

Ao ser perguntado sobre o que queria fazer a partir daquele momento, a caixinha tornou-se um caixão. Seu primeiro impulso foi enterrar o boneco. Ou atirá-lo ao mar. Combinamos de realizar esse rito no começo do próximo ano, mas, por incrível que pareça, não foi assim tão fácil.

“E se eu quiser ver ele de novo?”, Theo perguntava. É engraçada a natureza do apego, capaz de querer reter até nossas maiores dores...

Enquanto ele não se decidia, deixamos Ben 10 no limbo.

Para tudo tem um tempo, até para dizer adeus às nossas maiores aflições. Porque, apesar de terríveis, elas são parte do que somos.

E a roda não para de girar

O ano de 2023 nasceu com novas promessas.

Uma delas, tão esperada, era o retorno de Theo à escola presencial. Junto com ele, Eva também daria esse grande passo em sua vida, até então atrelada ao ritmo da nossa família e às necessidades de assepsia que o quadro do irmão demandava.

Ao longo de 2022, o ano pós-transplante, ele era submetido a procedimentos hospitalares constantes e muito cuidado. Mielogramas mensais, para verificar se a leucemia ainda mostrava sinais, exames de sangue semanais, medicamentos específicos para minimizar a possibilidade de que doenças do enxerto contra o hospedeiro se instalassem. Se, por um lado, tivemos o alívio de verificar que tudo corria conforme o esperado, a ponto de realizarmos até uma viagem internacional, era importante não perder o foco, até que o quadro se tornasse estável.

Em janeiro de 2023,
um ano após a pega da medula,
foi realizado o último mielograma.

Ufa! Estava tudo bem.

Em meados de março, quando a Handz do Itaim ainda estava se estabilizando nos seus três meses de vida, uma nova oportunidade nos acena. Dessa vez, o "retorno às origens" me chamava além da Zona Sul.

O sinal veio de terras fluminenses. Um amigo, Guilherme Alencar, que já era proprietário de dois restaurantes no Rio de Janeiro, me propôs abrir uma loja da Handz no Barra Shopping.

A oportunidade de abrir uma loja justamente nesse shopping fez meu peito saltitar. De cara, a proposta me reconectou a memórias de infância, pois esse era um lugar onde minha família e eu íamos passear muitas vezes. Mas... com uma unidade praticamente recém-inaugurada no Itaim e outra para administrar na Casa Verde, seria possível dar conta de mais uma, ainda mais em outra cidade?

Essa pergunta fez com que meus sócios e eu contemplássemos dois caminhos: iniciar uma nova sociedade ou uma franquia? Estudando as possibilidades, entendemos que franquear não era do nosso interesse, pois se tratava de um modelo bastante diferente. Tampouco era interessante para os novos sócios no Rio de Janeiro, Guilherme Alencar e Fernando Arruda, que desejavam que eu fizesse parte da operação.

De qualquer maneira, essa situação foi bastante definidora e nos ajudou a desenhar melhor o que queremos para a marca. A Handz já tinha processos bastante objetivos, o que facilitaria sua implementação, mesmo à distância. Outro ponto a favor seria a possibilidade de negociar descontos com nossos fornecedores, visto que a quantidade de pedidos aumentaria com três unidades. Estudando o caso, percebemos que seria vantajoso, ainda que estivéssemos arcando com os custos da última reforma.

Loucura ou não, decidimos topar. E, já em abril, fechamos o contrato.

Tudo ia de vento em popa. Com previsão de inaugurarmos no final de setembro, as obras começaram em junho.

E a expansão não parou por aí...

Como a venda de pizzas no Itaim mostrou ser uma ótima pedida, já havíamos decidido implementar essa opção também na Casa Verde. Como se nossos planos tivessem sido escutados, um imóvel exatamente ao lado do restaurante foi disponibilizado para alugar, o que prontamente fizemos, para acolher essa nova imagem.

**Duas obras ao mesmo tempo,
em duas cidades diferentes?
Por que não?
Tocar muitas coisas ao mesmo tempo
não era um problema para mim.**

O problema era... quando uma expansão vinha coladinha com uma nova intercorrência na saúde de Theo.

Foi assim quando nos mudamos para a Zona Norte. Enquanto reformávamos nosso apartamento, recebemos o diagnóstico de leucemia... Foi assim também na ocasião em que reformávamos o restaurante na Casa Verde, ao mesmo tempo que nos preparávamos para o transplante. Adivinha?

Como se aquele padrão já tivesse se tornado um looping, o mais recente "abrir para obras" trouxe, como brinde, um novo susto.

Justamente naquele momento, a saúde de Theo começou a piorar consideravelmente. Ele ficou pálido, cansado, e o quadro foi se agravando até que, num determinado dia, não deu mais para achar que não era nada de mais. Começou durante um jogo de tênis, e terminou no hospital.

MAIS. UMA. VEZ.
ATÉ QUANDO ISSO IRIA?

Três dias de pânico e angústia

Hemoglobina alterada. Foi a primeira coisa que nos foi permitido saber.

Procedimento: receber sangue.
Procedimento: exame de tipagem sanguínea.
Novo susto: no resultado, o que apareceu não foi o tipo sanguíneo do doador de medula (que seria o esperado, O+), mas o que Theo apresentava anteriormente (A+). Mas... qual era o problema?

Esse era um indicador de que a leucemia poderia ter retornado. Não tínhamos mais coração para notícias como essa, juro.

Thais passou muito mal. Eu, como sempre, tentei segurar as pontas, mas o que fazer quando o último recurso disponível no nosso sistema de saúde — o transplante de medula — corria o risco de não ter sido suficiente?

Iríamos para o "plano C", tentar o procedimento com células CAR-T, aquele que nem existia ainda no Brasil e custaria alguns milhões? Mesmo sem saber por onde começar a arrecadar tanto dinheiro?

E a Handz? Ou melhor, as Handz?
E a obra no Rio de Janeiro?
E o recém-alugado imóvel da pizzaria?
Como ter cabeça para administrar tudo isso?

Procedimento: internação para fazer novo mielograma. Só assim saberíamos, com certeza, se a leucemia havia voltado, assim como nosso pesadelo.
Três dias de espera pelo resultado.
Parece pouco, não é? Não.
Três horas seriam como três séculos. Três dias nos soava como uma eternidade.
Mas era só o que poderíamos fazer.
Uma vez mais, confiar.
E entregar.

Nesse ínterim, vivemos de especulações, nos apegando aos mínimos indicadores para manter viva nossa esperança.

As médicas achavam estranho que a leucemia tivesse voltado. Apesar de a tipagem sanguínea não ser a que esperávamos, elas observavam outros indicadores e suspeitavam que o que estaria causando o quadro de baixa hemoglobina poderia ser uma anemia hemolítica, por ser uma das possíveis doenças do enxerto contra o hospedeiro. Se fosse esse o caso, o tratamento teria que ser à base de corticoide, mas ele só poderia ter início com a chegada dos resultados do mielograma.

Enquanto isso, Theo empalidecia.
E a gente rezava.
Por fim, o resultado chegou.

A medula estava limpa. Maravilhosa. Sem nada de leucemia.

Peguei o resultado e saí correndo. Cheguei chorando em casa, com ele na mão, aquele singelo papel onde estavam impressas as palavras mais lindas que qualquer poesia: "sem doença residual".

Literalmente, pulamos de alegria.

Ah, e um pequeno detalhe: qual era a tipagem sanguínea impressa no resultado? O+, a mesma do doador da medula. Estava tudo certo com Theo. O erro havia sido no resultado do exame anterior.

Um erro que nos deixou três dias no escuro. Mas que, felizmente, era apenas um erro. Nossa alegria foi tanta que, mesmo com vontade de processar o laboratório por tamanha negligência, deixamos para lá. O importante é que a leucemia não mais nos atormentaria.

Por mais que Theo, a partir daquele momento, precisasse ser "bombardeado" por altas doses de corticoide — que tem, como efeitos colaterais, um aumento exagerado do apetite e da ansiedade, que acaba gatilhando situações de medo —, era muito melhor saber que a batalha, naquele momento, seria contra uma anemia. Essa doença poderia ser curada, por mais difícil que fosse lidar com as sequelas do tratamento.

Mais uma vez, Theo precisou deixar de frequentar a escola, por conta do tratamento. Ao todo, foram seis meses de corticoide, porque essa anemia não arrefece facilmente, e é necessário um desmame gradual. Ao longo do processo, ele precisou de acolhimento para se curar não apenas da anemia, mas do seu estado emocional. Assim como Thais, ele chegou a ter algumas crises de pânico, quando sentia não poder respirar. Seria pedir demais que ele não absorvesse parte daquela tensão, ainda mais em uma idade em que já conseguia perceber tudo à sua volta?

Cuidamos dessa ansiedade com medicação antroposófica, por ser mais natural, e assim conseguimos atravessar mais esse desafio. Mas a fome não tinha jeito, era uma voracidade sem fim, provocada pelos remédios. Em pouco tempo — e, também, devido ao inchaço —, ele ganhou dez quilos. Para uma criança de sete anos, não é pouca coisa.

Isso acarretou outros problemas: Theo olhava-se no espelho e não se reconhecia mais. Ficou com vergonha de voltar à escola. "Essas bochechas não são minhas!" — era o que ele repetia. Foi necessário muito tato para lidar com tantas mudanças.

Aos poucos, fomos conversando. Quando as doses da medicação foram diminuindo, ficou mais fácil administrar a situação. Depois de um tempo, ele se habituou à sua nova condição e concordou em visitar a escola para a Festa Junina. Como Thais já havia preparado as famílias para sua mudança, todos o receberam sem estranhamento, e Theo se sentiu muito acolhido.

Em agosto, quis retornar às aulas.
Mais um desafio superado.
Ufa.

Após aquele período crítico, em que diagnosticamos e começamos a tratar a anemia hemolítica, Theo não apresentou outras complicações. Tanto que, em julho, fomos visitar meus pais em Petrópolis, e eu aproveitei para acompanhar de perto a reforma do nosso futuro restaurante, no Rio de Janeiro.

Agora só seria necessário terminar a obra no Barra Shopping, começar a reforma da pizzaria e administrar as duas unidades da Handz em São Paulo.

Conhecendo minha vida até esse ponto, é possível entender que esse "só" é "só" mesmo. Não contém ironia.

Só alegria.

Alegria, expansão & encontros: disso também é feita a vida

Começamos o segundo semestre tocando os últimos preparativos para a inauguração. Mesmo com algumas mudanças de planos (esperávamos que a cerâmica do novo restaurante fosse toda feita por Thais, o que não aconteceu, devido aos novos cuidados necessários com a saúde de Theo), tudo parecia caminhar para um novo sucesso. No dia 30 de agosto, abrimos as portas.

A Handz, nascida na Zona Norte pelas mãos de um chef de origem fluminense, agora passava a fazer parte da rotina carioca. Meu passado e meu futuro se encontraram, brindando mais essa realização no tempo presente.

Reformas e mais reformas

Inaugurada a Handz no Rio, seguíamos tocando a obra do nosso "puxadinho" na Casa Verde, que seria vinculado ao restaurante, mas como uma submarca: Pizza by Handz. O motivo para essa diferenciação era logístico, para que pudéssemos constar em aplicativos específicos para entregas de pizza e ter relativa independência entre os dois negócios. Em outubro, iniciamos uma nova reforma.

Outro restaurante?

Não! Dessa vez, o que estávamos concretizando, finalmente, era o estúdio de cerâmica de Thais.

A princípio, nossa ideia era agregar seu trabalho à imagem da Handz, como uma extensão do nosso empreendimento, com o nome "Handz, Cozinha e Cerâmica", voltado à produção de utilitários exclusivos. Mas, com o tempo, percebemos que o trabalho de Thais era mais autoral e seria melhor que seguisse uma trajetória independente. Com seu nome à frente.

Mais do que merecido.

Depois de tanto tempo dedicado à nossa família, finalmente pudemos começar a estruturar seu novo espaço, com tudo o que ela tinha direito. Luciano Semeria, que já havia desenvolvido a identidade visual da Handz, assinaria o design da marca — Tata Estúdio.

O significado desse novo empreendimento era imenso.

Não se tratava apenas de um local de trabalho, ou de uma nova carreira há muito sonhada e que agora mostraria sua face ao mundo. A abertura do estúdio significava mãos na terra e ar nos pulmões, ar na vida, a abertura de um novo tempo que se abriu para Thais, por não precisar mais atender a tantas demandas de saúde.

Tudo indicava que o nosso pesadelo havia chegado ao fim.

Das paredes do hospital ao torno, dos inúmeros tratamentos ao forno.

Com a graça dos céus e a força da terra, dessa vez, preparávamos uma nova inauguração, mas sem novas internações vindas de brinde. Os brindes, dessa vez, seriam com champanhe, alegria e festa.

E, como se ainda faltassem motivos para celebrar, para fechar outubro com chave de ouro, no dia 20 recebemos mais uma linda notícia: a Handz tinha ganhado o título de Melhor Restaurante da Zona Norte, um prêmio concedido pelo Guia ZN.

Procura-se o doador de medula

Como, ao final daquele semestre, completaríamos dois anos desde a notícia de um doador para o Theo, isso significava que já estaríamos autorizados a conhecê-lo. Para isso, fizemos a solicitação junto ao órgão responsável, o REDOME, aguardando ansiosamente o dia em que poderíamos nos encontrar.

Até que esse dia chegasse, eu estava a pleno vapor, tocando duas reformas e três restaurantes. A unidade do Barra Shopping ainda precisava de um olhar mais presencial, o que me levou ao Rio de Janeiro diversas vezes.

Em uma dessas ocasiões, já em novembro, recebi uma mensagem: "Olá! Eu me chamo Ramon, e sou o doador da medula".

Assim, tão simples. Assim, apenas. Ramon, se você soubesse a gratidão que sentíamos... Como expressar?

Imediatamente, mandei um *print* para Thais. Eu tinha avisado a ele que, no dia seguinte, estaria de volta a São Paulo, e faríamos uma ligação por vídeo, para que ele conhecesse toda a nossa família. Para completar, nesse mesmo dia, 18 de novembro, seria também o batizado de Eva.

Foi como uma imensa celebração.

Após o batizado, fizemos um almoço em família e, depois, ligamos para Ramon. Não dá para descrever o que a gente sente ao ver o rosto de uma pessoa real, cuja escolha desprendida fora definitiva para que nosso filho se livrasse de um mal que o perseguia.

Como explicar o tamanho da nossa alegria?

Ramon também estava feliz. Ele havia se cadastrado como doador de medula há mais de dez anos e, até aquele momento, nunca havia sido chamado. Ele nos contou que, ao longo de seu tempo de espera, por ironia da vida, sua cunhada havia falecido justamente de leucemia, por não ter conseguido acesso à medicação. Essa informação reforçou ainda mais nossa disposição para continuarmos com as campanhas em nossas redes.

Ramon também nos contou que, na ocasião em que viajou a São Paulo para fazer a doação, foi a primeira vez que andou de avião. Já no hospital, ouviu a faxineira dizer que a medula doada iria para um menino, e aquilo o deixou comovido. Um menino cujo nome só soube dois anos depois, porque o sigilo valia para ambos os lados.

Um menino chamado Theo que, graças ao seu ato generoso, depois de praticamente quatro anos lutando contra um câncer, poderia chegar ao Natal sem medo.

Esse seria
nosso
maior presente.

SOBREMESA
(Dolce)

VIVA LA
***DOLCE VITA*, **
REPLETA
DE TANTAS
DÁDIVAS.

Ao final desta refeição, temperada por tantas intempéries, eis aqui nossa síntese: será a doença um martírio ou uma oportunidade de vivermos momentos que, de outra forma, jamais seriam memória?

Poderia uma doença forjar a existência de um super-herói?

Assim foi com Theo, e também com Ramon. Na nossa conversa, nosso benfeitor nos contou que esse era seu sonho de infância: voar pelos ares, salvando a humanidade. Depois de crescido, já com os pés no chão, entendeu que uma maneira de fazer isso seria se tornar um doador de medula. E foi justamente seu desejo de ser um pouco maior que cruzou as linhas do nosso destino, fazendo com que nossa história mudasse.

Esse é o heroísmo encarnado, real, o que traz a força que faz com que a gente vá muito além do que poderia imaginar, não para posar numa foto, mas para receber o superpoder de não se deter na dificuldade. A força contrária à da gravidade é a necessidade de ser mais do que o aparentemente possível, de ir além do que já parece uma causa perdida (seja essa causa o corpo da gente, o corpo da Terra ou nosso futuro).

A gente não nasce herói, a gente se torna herói a cada batalha. O poder não é dado por uma capa ou um relógio alienígena, mas por uma vontade terrena, férrea, de ir além do que a morbidez aponta, além dos nossos pesadelos. Não é engraçado pensar que esse herói-menino, o Ben 10, tenha sido justamente o alvo de tantas injúrias? Seria seu caixão de tristezas a difícil aceitação de que as dádivas até caem do céu, mas precisam do nosso trabalho para que possam ser colhidas, ou desfrutadas?

Para Theo, o trabalho havia sido feito, assim como a sua travessia. Viveu-a no tempo cronológico, e também naquele outro, interno, onde vivemos as grandes histórias.

Entendemos que testemunhávamos o desfecho das suas dores porque, um dia depois do Natal, quando viajávamos pela Serra de Petrópolis, ele sentiu que era o momento de deixar tudo aquilo para trás, definitivamente.

Em frente ao desfiladeiro da serra, pediu que parássemos o carro. Depois, pegou a triste caixinha onde jazia o boneco e, resoluto, agiu.

Então, como quem atira ao vento a soma de todas as suas aflições, arremessou seu antigo herói penhasco abaixo e testemunhou a elipse final do seu voo rumo à Terra do Nunca Mais.

Feliz.

Sei que muitos ciclos ainda nos aguardam. Mas, se aprendi algo com toda essa história, foi a confiar no destino e, ainda que doa, seguir em movimento.

Dar um passo além do medo é o que nos abre à nossa humanidade. A desistência sempre nos acena como uma opção, mas, se acatarmos seu convite, a graça do jogo acaba.

Resistir é sempre uma tentação, mas, por essa via, a energia para jogar se esvai.

Existir é lançar-se ao que vem, entendendo o próximo passo no exato instante do caminhar.

Aqui, coexistimos por um tempo, compartilhando muitos pratos. Doces, amargos, agridoces, inesperados, mas todos feitos com ingredientes vivos, colhidos no calor da aventura.

Espero que, ao sentar-se à nossa mesa, você também tenha experimentado, em ressonância, o gosto das suas memórias.

Dar as mãos é dividir o ato, abrindo-se ao que é imortal: a criação de uma história comum. Aqui, por um tempo, nossas vidas também se cruzaram.

Brindemos a esse encontro!

Aceita um cafezinho?

SOBRE O AUTOR

Formado pela Anhembi Morumbi, desafiou-se em diversos concursos gastronômicos, sendo um dos participantes da primeira edição do *MasterChef Profissionais* no Brasil. Trabalhou nas cozinhas do Stuzzi, no Rio de Janeiro, e do Arola Vintetres, em São Paulo, até abrir o Barê, seu primeiro restaurante, pioneiro em várias frentes. Ainda assim, não se acomodou: cruzou fronteiras para buscar aprendizado ao redor do mundo e teve uma experiência transformadora no Atelier Crenn, em São Francisco, onde adotou a simplicidade como filosofia gastronômica.

Após o fechamento do Barê, integrou a equipe da Tartuferia San Paolo e prestou consultoria para diversos restaurantes no Brasil.

Casado com Thais e pai de dois filhos, Theo e Eva, enfrentou, junto de sua família, grandes desafios que uniram ainda mais sua vida pessoal e profissional. Em 2020, em plena pandemia de covid-19, criou, na cozinha de sua casa, a Handz: um restaurante delivery com alma italiana, que cresceu e conquistou seu espaço. Desde 2021, a Handz conta com unidades em São Paulo e no Rio de Janeiro. Rodrigo continuou a empreender, abrindo a Pizza by Handz, em 2023, e o Boteco Miraflores, em 2025.

Sua trajetória é marcada pela constante reinvenção, sempre acreditando na adaptação e na importância da confiança em "algo maior". De mãos dadas com sua fé e com as pessoas queridas que o cercam, construiu um legado que combina realizações profissionais e familiares de maneira tão única, que só lendo para acreditar.

FONTE Charlie
PAPEL Pólen Natural 80 g/m²
IMPRESSÃO Paym

FSC
www.fsc.org
MISTO
Papel produzido a partir de fontes responsáveis
FSC® C133282